人物叢書

新装版

藤《ふじ》原《わらの》佐《すけ》理《まさ》

春名好重

日本歴史学会編集

吉川弘文館

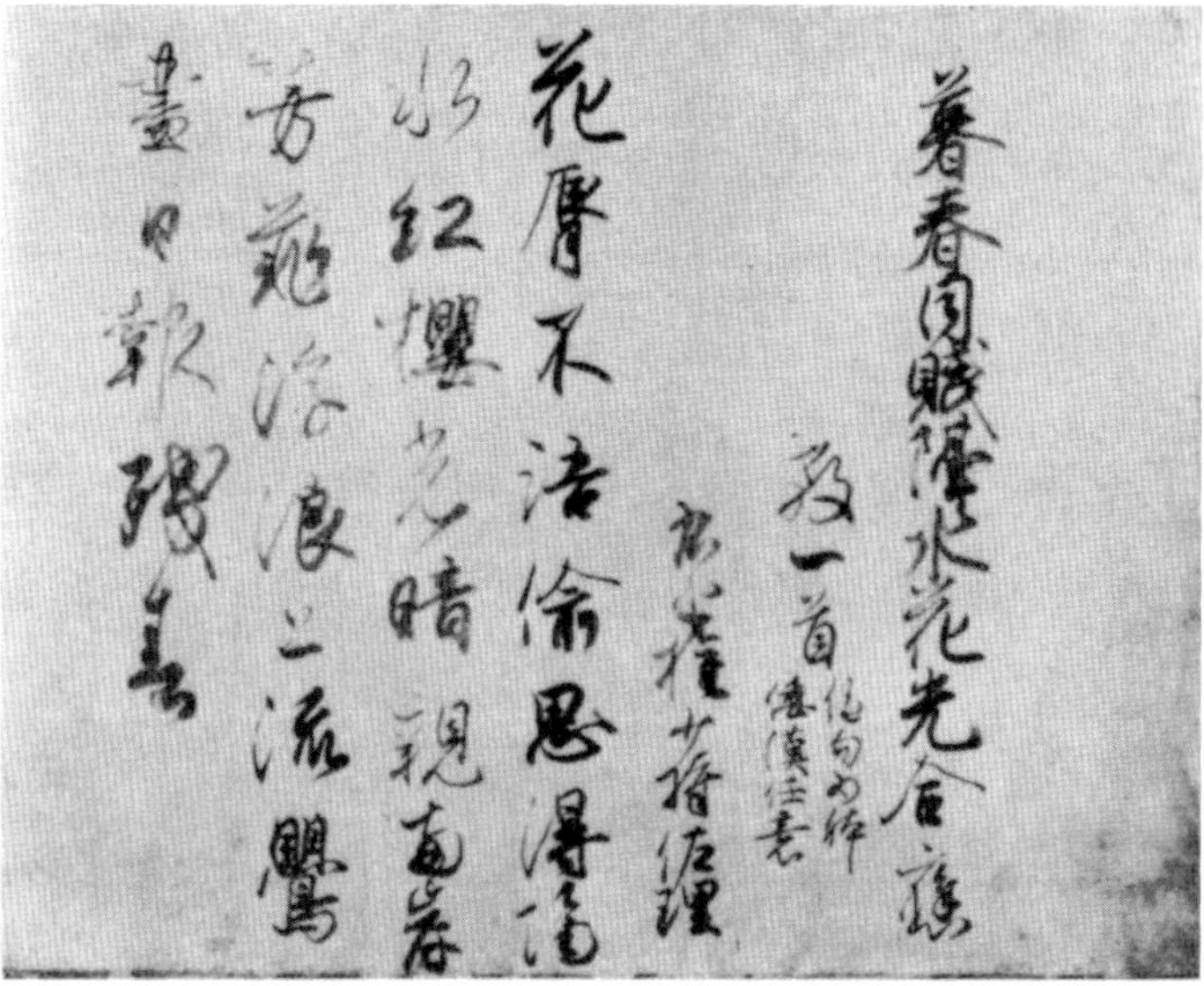

詩懐紙

暮春、同賦二隔レ水花光合一応
レ教一首 絶句為レ体倭漢任意
右近権少将佐理
花脣不レ語偸思得、隔
レ水紅桜光暗親、両岸
芳菲浮二浪上一流鶯
盡日報二残春一

離洛帖

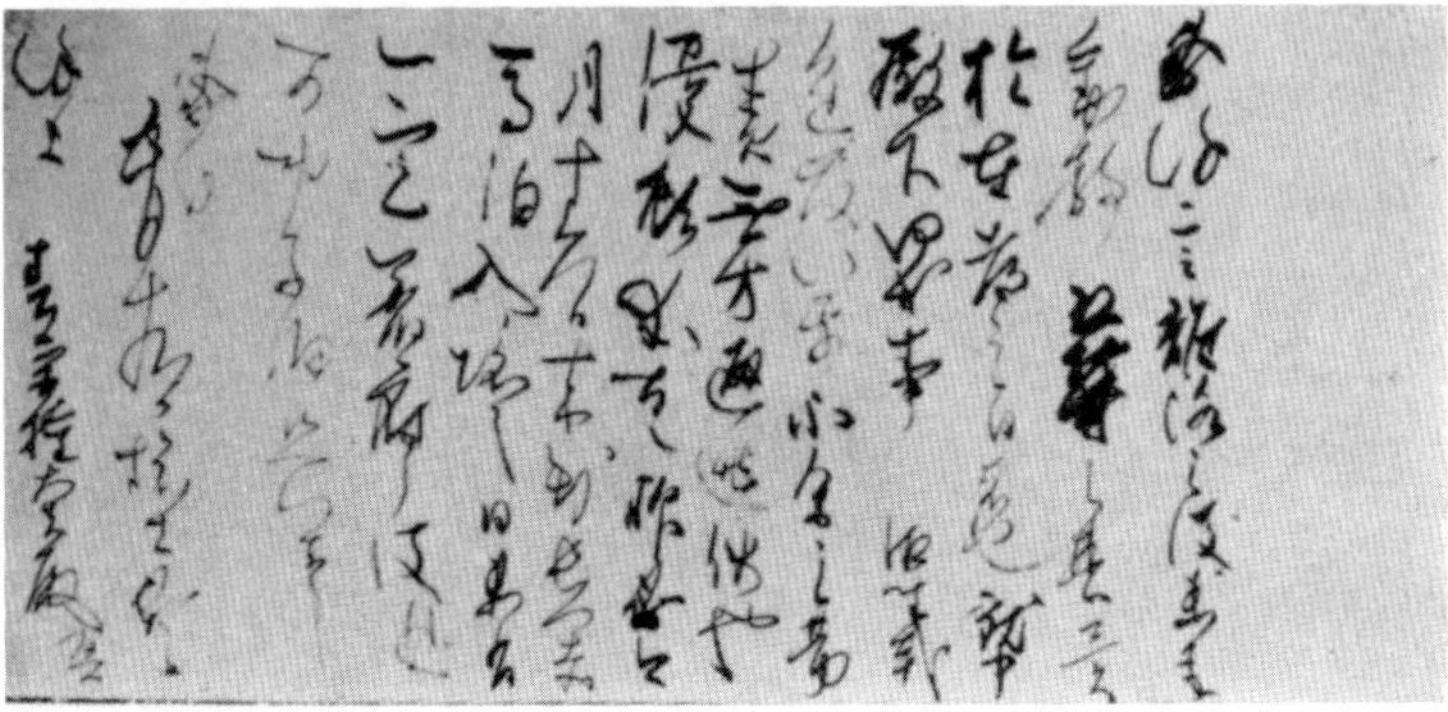

(佐理)謹言、離レ洛之後、未レ承二
動静一、恐欝之甚、異二
於在レ都之日一者也、就レ中
殿下何等事御坐哉、
進発以前、不参之勘
責、無レ方避逃許也、
優顧幸甚々々、抑(佐理)今
月十六日、来二到長門赤
馬泊一、入境之日、未レ有二
一定一、著府之後、追
可レ聞二子細一、恐惶頓首
(佐理)謹言

五月十九日旅士(佐理)

謹上 春宮権大夫殿 政所

はしがき

藤原佐理は「書芸に長じていた人」として有名である。そして「書家」といわれている。小野道風や藤原行成などもやはり「書家」といわれている。しかし「いわゆる書家」とは違う。「いわゆる書家」は「書法教授を職業としている者」である。すなわち「弟子をとり、弟子に手本を書いて与え、弟子が手本を見て書いた清書を添削し、弟子の月謝によって生活する者」である。しかし、道風・佐理・行成に限らず、古代の書芸に長じていた人として有名な人たちはすべて書法教授を職業としていた人ではない。「いわゆる書家」を「専門家」とか「くろうと」とかというならば、「非専門家」とか「しろうと」とかといわなければならない。しかし「専門家以上の非専門家」であり、「くろうと以上のしろうと」である。

「いわゆる書家」は必ずしも「書芸に長じている者」ではない。書法教授を職業としているかどうかが問題であるだけであり、巧拙は問題外である。しかし、古代の書家といわれている人たちはすべて書芸に長じていた人ばかりである。そして、奈良時代には「手師」といわれ、平安時代には「能書者」とか「手書き」とかといわれていた。それゆえ、本書においては、古代の書芸に長じていた人を「手書き」ということとする。そして「いわゆる書家」とはっきり区別する（平安時代の漢文の文献には「能書者」と見えており、国文の文献には「手書き」と見えている。）。

佐理は「手書き」として有名な人である。それゆえ、佐理の書跡についてかなりくわしく書かなければならないと考えている。しかし、小冊子の限られた紙数では、佐理の書跡についてくわしく書くことはできない。かつて雑誌『墨美』（第九十一号、一九五九年一〇・一一月合併号）には、佐理の書跡を主として書いたので、本書では、佐理の伝記を主として、佐理の書跡・書風は佐理の身分・境遇・性格によって形成されたことを明らかにしたいと考えた。

現在は年齢を数えるには満年齢が用いられている。しかし、古代の人の年齢を満年齢で数えることはできないので、すべて数え年で数えることとした。

佐理の真跡と認めることができる『詩懐紙』および『離洛帖』は、文字を正しく読むことができるが、模本ではないかと疑われている書跡の中には正しく読むことができない文字が有る。しかし、それらの文字にも仮にいちおう漢字をあてることとした。

一九六〇年十一月

春名好重

目次

口絵

插図

第一　佐跡

三筆・三跡　三賢

平安時代には、書芸はもっともさかんであった。そして、有名無名の手書き（書芸に長じた人）がたくさん輩出した。それらのうちで、初期の空海（弘法大師）・嵯峨《さが》天皇・橘逸勢《たちばなのはやなり》の三筆と、中期の小野道風《みちかぜ》・藤原佐理《すけまさ》・藤原行成《ゆきなり》の三跡（三賢）とは、もっともすぐれており、もっとも有名である。そして、もっとも尊重されている。

佐跡

道風の書跡を「野跡《やせき》」といい、行成の書跡を「権跡《ごんせき》」（「権大納言の書跡」という意味）というように、佐理の書跡は「佐跡《させき》」といわれている。

佐理の真跡

古くから佐理の書跡と言い伝えられているものはかなりたくさん有る。しかし、それらのうちで、一般に佐理の真跡と認められているものは僅かしかない。すなわち、懐紙一点と消息五点とである。それらはすべて漢字であり、仮名の真跡と認められているものは一点も無い。

佐理の書風は、道風や行成の書風と同じように、和様（「日本的様式」という意味）といわれている。しかし、同じ和様であるが、佐理の書風と道風や行成の書風とは少し違っている。そして、佐理の書跡は、当時の書跡のうちで、もっとも特異な存在であり、もっとも異彩を放っている。後世、佐理は道風や行成ほど尊重されなかったし、また、佐理の書跡は、道風や行成の書跡ほど愛好されなかった。しかし、手書きとしての佐理は、道風や行成に比べて、決して劣っていないし、また、佐理の書跡は、道風や行成の書跡に比べて、少しも劣っていない。

手書きの佐理

書芸に長じていただけの人

佐理は、政治家でもなく、能吏でもなく、歌人でもなく、詩人でもなく、学者でもなく、また、音楽に秀でた人でもない。ただ書芸に長じていただけの人（手書き）である。そして、そのために尊重された人であり、そのために有名な人である。

佐理は当時第一の手書きであった。そして「手書きのすけまさ」（『栄華物語』花山）とか、

日本第一

「世の手書きのじょうず」とか、「日本第一の御手」(『大鏡』巻之三)とかといわれていた。

同名異人の佐理

手書きとして有名な藤原佐理のほかに、当時同じ藤原氏にして佐理と称していた人がもうひとりいた。それは歌人として有名な本院中納言敦忠《あつただ》(延喜六―天慶六、九〇六―九四三)の子であり、本院左大臣時平(貞観一三―延喜九、八七一―九〇九)の孫である。この佐理は、官位は右兵衛佐《すけ》正五位下であった。しかし、康保四年(九六七)手書きとして有名な佐理が二十四歳(数え年)の時、まだ若かったのに(おそらく二十歳余りであったと考えられる。)、比叡山に登り、出家入道

真覚

して、法名を真覚といった(『日本往生極楽記』)。

良房═基経─┬─時平─敦忠─佐理(真覚)
　　　　　└─忠平─実頼─敦敏─佐理(手書き)

『蜻蛉《かげろう》日記』に見えている康保四年七月に出家入道した「うへに候《さぶら》ひし兵衛の佐」は、後に真覚と称した佐理である。

佐理の時代

『新札往来』に、佐理は朱雀《すざく》天皇の天慶七年(九四四)に誕生したと見えている。『日

本紀略』によれば、佐理は一条天皇の長徳四年（九九八）に五十五歳（数え年）でなくなった。それゆえ、逆算すると、ちょうど天慶七年に生まれたことになる。そして、佐理の一生は十世紀の後半期に当っていることがわかる。

十世紀の後半期藤原氏の繁栄

朱雀天皇（延長元—天暦六 九二三—九五二）は醍醐《だいご》天皇の第十一皇子で、御母は皇后藤原穏子である。穏子は従一位関白太政大臣基経（承和三—寛平三 八三六—八九一）の第四女であるから、朱雀天皇は基経の外孫であり、基経は朱雀天皇の外祖父である。

天皇の外戚

当時、天皇の外戚は非常に尊重された。それゆえ基経は天皇の外祖父として大いに権勢を振うことができたのである。『大鏡』（巻之一）に、もし朱雀天皇が生まれなかったなら、藤原氏はこのように栄えることはできなかったであろう、「いみじきをりふし」に生まれたと見えている。そして、その後、基経の子孫はいよいよ栄え、同時に、藤原氏一門もますます栄えたのである。

官職の独占

佐理が生まれた天慶七年（九四四）の公卿（三位以上の人および四位の参議）十五人のうち、藤原氏は九

天慶七年の公卿

人（五分の三）を占め、ほかには、源氏が五人（三分の一）、大伴氏がひとりであった。その上、枢要の官職はすべて藤原氏が独占していた。すなわち、関白太政大臣は従一位藤原忠平、左大臣兼左大将は正二位藤原仲平、右大臣兼右大将は正三位藤原実頼、大納言は従三位藤原師輔であり、さらに、中納言三人のうち、ふたりまで藤原氏であった。そして、藤原氏以外の公卿は、中納言ひとりと参議五人とであった。

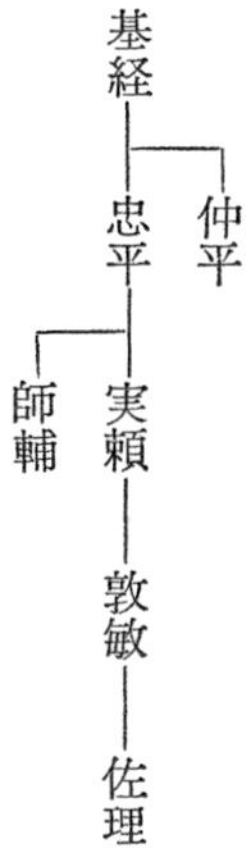

長徳四年の公卿

また、佐理がなくなった長徳四年（九九八）の公卿十七人のうち、藤原氏は十二人（約三分の二）を占め、ほかには、源氏が三人（約六分の一）、平氏がひとり、菅原氏がひとりであった。その上、枢要の官職は、やはり藤原氏がほとんど独占していた。すなわち、左大臣は正二位藤原道長、右大臣は従二位藤原顕光、内大臣兼左大将は正三位藤原公季、大納言兼右大将は正三位藤原道綱、権大納言は正三位藤原懐忠《かねただ》であった。さらに、中納言三人のうち、ふたりまで藤原氏であり、参議八人のうち、五人まで藤原氏であった。そして、藤原氏以外の公卿は、大納言ひとり、中納言ひとり、参議三人であった。

当時、朝廷の政務は、公卿の評議によって決定された。それゆえ、当時藤原氏がもっとも栄えたのは当然のことといわなければならない。

道長の権勢

内覧

長徳四年の道長は、摂政・関白でもなく、また、太政大臣でもなかった。ただ内覧（太政官から奏上する文書を、天皇に奉呈する以前、まず内見して、万機の宣行をすること）の宣旨を受けていただけであった。しかし、当時の左大臣道長の権勢は、摂政・関白や太政大臣に少しも劣らなかったばかりでなく、さらに、それらよりもまさっていた。それゆえ、道長は「一もなく、三もなく、ならびなく、はかりなくおはします。」といわれていた（『大鏡』巻之一）。すなわち、道長は絶対の権力者であった。

藤原時代

このように、佐理の時代には、藤原氏一門がひとりもっとも栄えていた。かつ、当時の文化は藤原氏を中心として発達した。それゆえ、当時は全く文字どおり藤原時代であったのである。

藤原時代と佐理

佐理は、このような時代に、藤原氏のひとりとして生きていた。このような時代は、佐理にとっては、一面では、確かに恵まれた時代であったということができる。しかし、他の一面では、恵まれた時代とはいえないような時代であった。

第二　佐理の一生

一　出生

先祖　佐理は、談山神社（奈良県）にまつられている大織冠藤原鎌足《かまたり》（六一四―六六九）十二世の

北家　末孫であり、鎌足の孫房前《ふささき》（六八一―七三七）の後（北家）である。それゆえ、佐理はわが国

第一の名門　で第一の名門に生まれたといわなければならない。

鎌足――不比等――房前――真楯――内麿――冬嗣┬―良房
　　　　　　　　　　　　　　　　　　　　　└―長良――基経
（基経）――忠平――実頼――敦敏――佐理

冬嗣のあとは良房がつぎ、良房のあとは基経がついだ。

六世の祖
五世の祖

佐理の先祖は、代々高位高官になり、そして、権力者であった。ことに、六世の祖良房（延暦二三―貞観一四、八〇四―八七二）は、臣下にして太政大臣になった最初の人であり、また、臣下にして摂政になった最初の人である。さらに、五世の祖基経は摂政になり、また、はじめて関白になった人である。

曽祖父忠平

佐理の曽祖父忠平は、従一位関白太政大臣になり、また、氏の長者になった。醍醐天皇を輔佐して、政治につとめ、また『延喜格《きゃく》』および『延喜式《しき》』を撰修した。天暦三年（九四九）に七十歳でなくなり、貞信公《ていしんこう》というおくり名をおくられた。

祖父実頼

佐理の祖父実頼も従一位摂政太政大臣になり、また、氏の長者になった。歌人としてすぐれており、家集に『清慎公《せいしんこう》集』が有る。また、有職故実に通じ、小野宮流（実頼は「小野宮殿」といわれていた。）の祖とされている。天禄元年（九七〇）に七十一歳でなくなり、清慎公というおくり名をおくられた。

父敦敏

佐理の父敦敏《あつとし》は実頼の長子である。敦敏は天暦元年（九四七）三十六歳でなくなった。佐理がまだ四歳の時であった。

敦敏の歌

敦敏の歌は『後撰集』(巻十六雑歌二)に、

病して心細しとて、大輔につかはしける。　藤原敦敏

よろづよとちぎりしことのいたづらに人わらへにもなりぬべきかな

大輔の返歌

かへし　大輔

かけていへばゆゆしきものをよろづよとちぎりしことやかなはざるべき

と見えている。(大輔は但馬守源弼の女である。『後撰集』に、小野道風や藤原敦忠など、多くの男性と歌を贈答したことが見えている。敦敏とも交渉が有ったことがわかる。)敦敏は確かに病弱であったらしく、そのため早くなくなったのではないかと考えられる。

敦敏の官位

敦敏の官位は左近衛少将正五位下であった。しかし、敦敏は、従一位左大臣の子であり、従一位関白太政大臣の孫であるから、もしもっと長生きをしていたら、もっと高くなっていたに違いない。

敦敏の近親の官位の昇進

敦敏の父実頼は、三十六歳(敦敏がなくなった時の年齢)の時、従三位中納言であったし、祖父忠

平は、三十六歳の時、正三位右大臣になっていた。また、敦敏の弟頼忠は、三十二歳の時、従四位下に叙せられ、右近衛権中将に任ぜられ、三十三歳の時、権左中弁になり、三十七歳の時、従四位上に叙せられ、右大弁に昇進した。また、敦敏・頼忠の弟斉敏《なりとし》は、二十八歳の時、従四位下に叙せられ、二十九歳の時、右近衛権中将に任ぜられ、三十一歳の時、美濃権守を兼ねたが、三十二歳の時、病気のため、右近衛権中将を辞した。それからしばらく散位（位だけ有って官の無いこと）であったが、三十九歳の時、東宮権亮に任ぜられた。斉敏も病弱であったらしい。

敦敏の官位が昇進しなかった理由

敦敏・頼忠・斉敏の母は、同じように本院左大臣時平の女である。それゆえ、親の子に対する愛情に厚薄の差があったとは考えられない。反対に、敦敏に対する実頼の愛情は、特別深かったようである。（長子でもあり、また、病弱でもあったから、特別愛情が深かったのではないかと考えられる。）それにもかかわらず、敦敏は、三十六歳になっても、左近衛少将正五位下という低い官位（貴族階級ではいちばん低い官位である。）であったのは、病弱であったから、官位の昇進が遅々としてはかどらなかったためである。

母　敦敏の妻すなわち佐理の母は、参議宮内卿正四位下藤原元名の女である。元名

外祖父　は参議従三位清経の三男で、康保二年（九六五）佐理が二十二歳の時、八十一歳でなくなった。清経は従二位権中納言長良の子であり、敦敏の曽祖父基経の弟である。

おじ　実頼の次子頼忠は、従一位関白太政大臣になり、氏の長者になった。永祚《えいそ》元年（九八九）六十六歳でなくなり、廉義《れんぎ》公というおくり名をおくられた。歌人として有名な公任《きんとう》は頼忠の子である。それゆえ、公任は佐理のいとこである。

おば　実頼の三子斉敏は、従三位参議になり、天禄二年（九七一）四十六歳でなくなった。実頼の女慶子は、朱雀天皇の天慶《てんぎょう》四年（九四一）二月二十二日に入内《じゅだい》し、同年七月

大将の御息所

十六日、女御になり、「大将の御息所《みやすんどころ》」といわれた（当時、父実頼が右近衛大将であったからである。）。そして、十年後の天暦五年（九五一）十月九日になくなった。

弘徽殿の女御

実頼の女述子は、天慶八年十一月五日、村上天皇が東宮の時、妃になり、翌九年、村上天皇が即位されると、同年十二月二十六日、女御になり、「弘徽殿《こきでん》の女御」といわれた。そして、一年もたたない天暦元年十月五日に、僅か十五歳でなくなった。

妹

佐理には男の兄弟はひとりもいない。妹がふたりいただけである（『尊卑分脈』）。敦敏は、病弱であったし、また、早くなくなったので子が少なかったようである。

為光と結婚

佐理の妹のひとりは、師輔の子為光（従一位太政大臣）の妻になり、誠信《さねのぶ》（従三位参議）・斉信《ただのぶ》（正二位権大納言）・女子（花山天皇の女御）を産んだ。

忠平──実頼──敦敏──┬─佐理
　　　　　　　　　　　└─女

師輔━為光┳誠信
　　　　　┣斉信
　　　　　┗女子

出生

佐理は朱雀天皇の天慶七年（九四四）に生まれた。父敦敏は三十三歳で、官位は左近衛少将正五位下であった。しかし、祖父実頼は四十五歳で、官位は正三位大納言兼右近衛大将按察使《あぜち》であったが、四月九日、右大臣に任ぜられた。また、外祖父元名は六十歳で、官位は丹波守従四位下であった。それゆえ、佐理の前途は多幸多福であるかのように見えた。

天慶七年不安な世相

天慶七年は天慶の乱の平定後三年である。それゆえ、当時世の中はまだ静まってはいなかった。そして、この年正月九日、長谷寺（奈良県）が全焼した。また、二月九日、美濃介橘遠保《とおやす》は、宅へ帰る途中、賊に斬殺された。また、九月二日、大風が吹き、都では官舎門楼が多く倒れ、信濃国（長野県）では国庁が倒れて、信濃守紀文幹《ふみもと》が圧死した。続いて、同月十一日、大雨が降り、河川が出水した。

これらの事件は、佐理にはかかわりは無いが、なんとなく佐理の前途の多難を思わせるようである。

当時の手書き

天慶七年に、紀貫之《きのつらゆき》(?―天慶九、―九四六)は八十余歳(だいたいの推定)、大江朝綱《あさつな》(仁和二―天徳元、八八六―九五七)は五十九歳、小野道風(寛平六―康保三、八九四―九六六)は五十一歳、兼明親王(延喜一四―永延元、九一四―九八七)は三十一歳であった。当時は和歌および詩文がさかんであった。従って、和歌・詩文を書く書芸がさかんで、書芸に長じた人がたくさん輩出した。佐理は、その中に生まれたので、後に手書きとしてすぐれた人になることができたのである。

二　村上天皇の治世

天慶八年佐理二歳

佐理が二歳になった天慶八年十一月五日、実頼の女述子(佐理のおば)が東宮(後の村上天皇)の妃になった。先に(天慶四年二月二十二日)実頼の女慶子(佐理のおば)が入内して、朱雀天皇の女御になり、今また述子が東宮の妃になったので、実頼と皇室との関係はいよいよ密接になった。同時に、実頼はますます世に重きをなすに至った。

天慶九年佐理三歳

この年十一月二十五日、右大臣兼右大将実頼は左大将に転じた。

佐理が三歳になった天慶九年四月二十八日、村上天皇（延長四―康保四、九二六―九六七）が即位された。そして、その後、康保四年（九六七）まで、天皇の治世は二十二年も続いた。それは佐理が三歳の時から二十四歳の時までである。

摂政・関白

村上天皇が即位された時、藤原忠平（佐理の曾祖父）が関白の職にあった。村上天皇の御母は皇太后藤原穏子（基経の女）であり、穏子は忠平の妹であるから、天皇は忠平を尊重されて、引き続いて関白とせられた。しかし、三年後の天暦三年に忠平がなくなると、摂政も関白も置かれなかった。そして、天皇の親政が行われた。しかるに、康保四年に村上天皇がなくなられ、冷泉天皇が即位されると、天皇は僅か十八歳であったし、また、天皇の御母は藤原師輔（忠平の子、実頼の弟）の女安子であったから、

摂政・関白の常置

忠平の子実頼（師輔の兄、安子のおじ）が関白に任ぜられた（師輔は七年前になくなった。）。そして、その後は伊《これ》尹《ただ》（行成の祖父）・兼通・頼忠（公任の父）・兼家・道隆・道兼が摂政あるいは関白に任ぜられ、政権を握っていた。

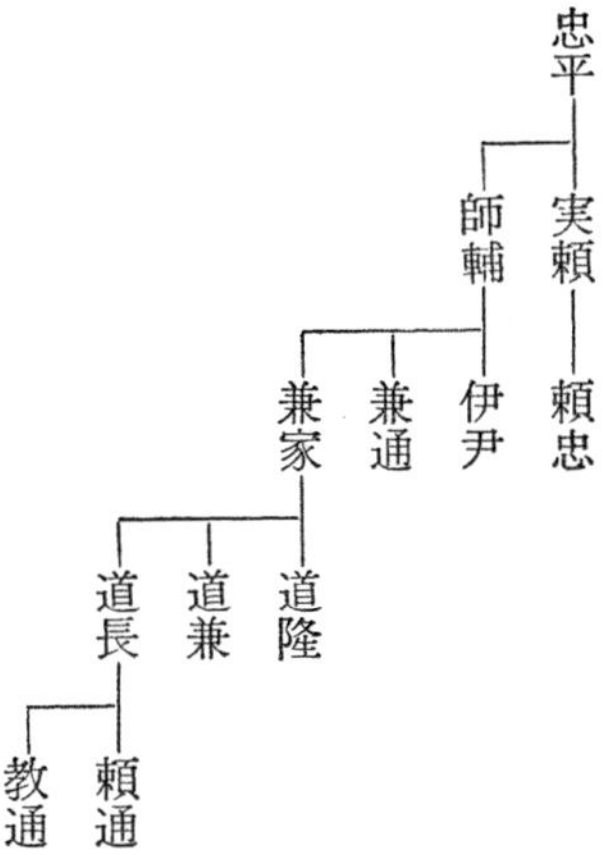

天暦の治

醍醐天皇（仁和元―延長八、八八五―九三〇）の治世（寛平九―延長八、八九七―九三〇）は「延喜の治」といわれ、聖代とたたえられていた。同様に、村上天皇の治世（天慶九―康保四、九四六―九六七）は「天暦の治」といわれており、やはり聖代とたたえられていた。そして『大鏡』(巻之三)は、醍醐天皇の治世と村上天皇の治世とを、中国の聖代とたたえられている堯《ぎょう》・舜《しゅん》の時代に比し、醍醐天皇および村上天皇を「かしこきみかどの御ためし」といっている。

朱雀天皇の治世

醍醐天皇の治世と村上天皇の治世との中間の朱雀天皇の治世(延長八―天慶九、九三〇―九四六)には承平年間(九三一―九三七)東国に平将門の乱(承平の乱)があり、また天慶年間(九三八―九四六)西海に藤原純友《すみとも》の乱(天慶の乱)があった。それに比べると、村上天皇の治世は、平穏無事であったということができる。しかし、ほんとうに聖代といって謳歌《おうか》することができるほどの理想的な時代であったのではない。

政道の不振

政道に対する批判

村上天皇が紫《し》宸殿《しいでん》(南殿)に出御《しゅつぎょ》されていた時、南階の近くに諸司の下部《しもべ》の年老いた者がいたのを近く呼び寄せられて、「当時の政道をば世にはいかが申す。」と尋ねられたところ、「めでたく候ふとこそ申し候へ。ただし、主殿寮《とのものりょう》にたいまつ多くいり候ふ。率分堂《りつぶんどう》に草候ふ。」と申し上げたので、天皇は政道の不振を恥とされたということである(『古今著聞集』巻三。)。主殿寮(燈油・火燭、その他をつかさどる。)にたいまつが多くいるというのは、公事がはかどらないため、夜分にまで及ぶことが多いという意味であり、率分堂(大蔵省に収納する官物年料のうち、非常の用に供するため、十分の二を別納した倉。官物年料の額に応じ、率分によって分納する故にいう。)に草が茂るというのは、諸国の貢納が納められないという意味である。すなわち、よくおさまっていないということを遠回しに言ったのである。それゆえ、村上天皇の治世も聖代ではなかったことがわかる。

村上天皇

天暦聖主
聖代といわれる理由

しかし、村上天皇が当時政道の衰えていたことを恥とされたというのは、すなわち、天皇が政治に深い関心を持っておられたことを示しているといえる。かつ、天皇は英明な賢君であり、その上、諸芸に秀でていた。それゆえ、後世、天皇を「聖帝」とか「聖主」とかと申すのである。すなわち、藤原実資(佐理のいとこ)の日記『小右記』(天元五年(村上天皇がなくなられて十五年後)二月十七日の条)に、村上天皇を「天暦聖主」といっている。

また、醍醐天皇の治世および村上天皇の治世には、文化が発達し、学芸がさかんであった。それゆえ、後世、延喜(醍醐天皇の治世)・天暦(村上天皇の治世)の時代は常に顧みられ、かつ、当時の文物・制度は規範とされたのである。さらに、当時は貴族階級が栄えていた時代であったから、後世の衰微した貴族階級にとっては、理想的な時代と考えられるようになったのである。

貴族階級の聖代

しかし、村上天皇の治世を聖代とたたえることができたのは少数の貴族階級だけであり、国民の大部分を占めていた庶民階級にとっては、決して聖代ではなかった。当時の庶民階級は、たいてい生活に困窮していた。その上、当時は、各地に盗賊が横行し、しばしば飢饉があり、また、たびたび悪疫が流行した。そのため、庶民階級には安らかな日はほとんど無かったといわなければならない。

盗賊

『日本紀略』によれば、天暦元年(九四七)二月二十六日、群盗が賀茂の斎院にはいった。当時の盗賊は神威も恐れなかったようである。

武器を持つ強盗

慶滋保胤《よししげのやすたね》(―長徳三 ―九九七)の『池《ち》亭記《ていき》』に、南の家に盗賊がはいると、北の家は流矢を避けがたいと見えている。

京中巡行

殿上にはいった盗人

破獄

当時の強盗は武器を持っていたことがわかる。そして、非常に凶悪であった。四月十日、盗人が兵庫寮《ひょうごのりょう》にはいった。天暦二年三月二十七日夜、強盗が右近衛府の曹司にはいった。当時の近衛府は強盗に軽んじられていたようである。当時強盗が京中を横行していたので、同月二十九日、左大臣実頼は、四府（左右近衛府および左右兵衛府）および馬《め》寮に命じて、夜京中を巡行させることとした。五月十三日白昼、強盗が西河辺の人の宅にはいった。六月一日、強盗が勧学院にはいった。十二月四日夜、盗人が内裏にはいり、殿上（清涼殿の殿上の間）にまで侵入した。殿上に盗人がはいったのはこれで五度めであったということである。同月十日夜、群盗が左少弁好古の曹司にはいった。（『日本紀略』は天暦四年から同十年までの本文を失っている。）天徳元年（九五七）十一月三十日夜、盗人が大蔵省の長殿（数戸を一棟に長く続けて造り、諸国の貢納物を国別にして納めた倉。）にはいった。天徳二年四月十日夜、強盗が右獄を破り、四人を奪い取った。七月十八日夜、盗人が大蔵省の下殿にはいり、絹百匹を盗んだ。

以上は『日本紀略』に見えている事件だけである。これによっても、当時は京都の安寧秩序さえ十分維持できなかったことがわかる。まして地方が混乱していたことはいうまでもない。

天災

風水害

朝拝停止

干害・飢饉

穀物の値段が高くなる

天暦元年七月四日夜、大風が猛烈に吹き、京中の家屋は倒れたり、こわれたりした。その時、宮内省の南門・大蔵省の後庁・掃部寮《かもんりょう》の西屋・左馬寮《さまりょう》・造酒司《みきのつかさ》の南門・典薬寮の東の屋などが倒れた。また、河川が出水した。天暦二年七月二十七日夜、暴風雨があり、京中の家屋が多く倒れ、圧死した者がたくさんいた。八月十三日、終日雨が降り、河川が出水した。十二月二十八日、諸国が上申した異損の数が非常に多かったので、天暦三年の朝拝を停止することとした。天暦十年および天徳元年には、干害《かんがい》・飢饉が続いた。そのため、天徳元年の末に、穀物の値段が非常に高くなった。さらに、天徳二年には、春・夏の飢饉と悪疫とのため、七月二十九日の相撲《すもう》の召合《めしあわせ》に音楽を停止された。当時、庶民階級の生活が非常に苦しかったことがわかる。

悪疫
疱瘡

天暦元年春・夏、天下に疱瘡《ほうそう》が流行し、秋にはますますはなはだしくなった。そして、八月には、村上天皇も、朱雀上皇も、疱瘡にかかられた。また、天暦五年秋にも、天暦九年秋にも、悪疫が流行した。さらに、天徳三年には、首がはれる福来病が流行した。天徳四年五月二十八日、相撲人を貢することを停止されたが、それは悪疫が流行していたからであった。

福来病

当時は、医学が発達していなかったし、また、医療施設もほとんど無かった。それゆえ、一度病気にかかると、なおることはむつかしかった。そして、病人は捨てられた。そのため、病気は非常に恐しいものであった。

貴族階級の繁栄

当時、庶民階級は困窮していたが、貴族階級は平和で豊かな生活を営むことができた。ことに、藤原氏はますます栄えた。天慶九年(九四六)大納言師輔の女安子が女御になり、また、右大臣実頼の女述子も女御になった。そして、藤原氏と皇室との結び付きは非常に固くなった。藤原氏が栄えたのは全く皇室のおかげである。

紀貫之

天慶九年、紀貫之がなくなった。この時までに『古今集』の歌人は、たいていなくなった。さらに、貫之がなくなったことは、『古今集』の時代が終り、『後撰集』の時代になったことを示している。

小野道風

天慶九年十一月十六日、大嘗会《だいじょうえ》が行われた。その時用いられた屏風の色紙《しきし》形《かた》は小野道風が清書した。当時は道風が第一の手書きとして尊重されていたのである。

三　父の死

天暦元年佐理四歳

天慶十年四月二十二日に改元されて、天暦元年（九四七）になった。佐理は四歳になった。

四月二十六日、右大臣実頼は左大臣になり、大納言師輔は右大臣になった。藤原氏はますます栄えるように見えた。しかし、日の照る反面には、暗いかげがさしていた。すなわち、十月五日、実頼の女である女御述子が僅か十五歳でなくなった。この年秋、疱瘡が流行したが、述子も疱瘡でなくなったのである。さらに、十一月十七日、実頼の長子敦敏（佐理の父）が三十六歳の壮年でなくなった。続いて二子を失った実頼の失望落胆はいうまでもない。愛子を思う切々の情は、いつまでも絶えることが無かったようである。

小野宮殿の不幸

敦敏の死亡

父の死

この年四歳になっていた佐理は、すでにものごころづいていたであろうから、父の死をこの上なく嘆き悲しんだに違いない。正三位右大臣の孫に生まれたが、早く父を失ったことは、佐理にとっては最大の不幸であったと思われる。

実頼の悲嘆

敦敏は元来病弱であったようである。そして、そのため、早くなくなったらしい。実頼は子に先立たれて、日夜悲嘆にくれていた。そのころ、東国から、敦敏がなくなったことを知らなかったので、敦敏の料に馬を奉った者がいた。そこで

実頼は、

まだ知らぬ人もありけりあづまぢにわれも行きてぞ住むべかりける

という歌をよんだ（『清慎公集』）。実頼の心中は察するに余り有る。

敦敏死後の佐理

敦敏の死後、その子女（佐理および女ふたり）は、祖父実頼が養育した（『栄華物語』月宴）。それゆえ、佐理は、父を失っても、世の常の孤児のような不幸にはならなかった。当時の実頼は従二位左大臣兼左大将であった。さらに、後には摂政になった。また、実頼

佐理の幸福

は非常に裕福であった。それゆえ、そのおかげで、佐理の官位は順調に昇進し、正五位下、右近衛少将、蔵人、右中弁にまでなった。また、生活に少しも不自由が無かった。しかし、天禄元年（九七〇）佐理が二十七歳の時、実頼がなくなると、有力な後見がなくなったので、その後は、官位の昇進が停滞しがちになった。

公任の元服

佐理のいとこの公任《きんとう》は、天元三年、十五歳の時、天皇の御前で元服した。当時公任の父頼忠は従一位関白太政大臣であったから、公任は破格の優遇を受けたの

公任の官位昇進

である。その後、官位は順調に昇進して、正暦三年、二十七歳の時、正四位下で参議になった（佐理が参議になったのは三十五歳の時のことである。公任より八年も遅い。）。さらに、累進して、正二位権大納言にまでなった。公任は、藤原斉信《ただのぶ》・源俊賢《としかた》・藤原行成とともに「四納言」といわれているほどの人物であり、また、博学広才であり、歌人であった。そのため、

佐理の不幸

人々に尊重された。それにひきかえ、佐理は、手書きとしては非常にすぐれていたが、ほかにはすぐれたところの無い人であったらしい。そればかりでなく、どこか欠けたところの有る人であったらしい。そのため、三十五歳になって、やっと公卿の末席に連らなることができたのである。その後、位は正三位になったが、

早く父を失った不幸

官はついに進まず、中納言にもなれなかった。それというのも、早く父を失ったからであり、有力な後見が無かったからである。

行成の不幸

佐理と行成とは境遇がちょっと似ている。行成も、正二位摂政太政大臣になり氏の長者になった伊尹《これただ》の孫に生まれた。しかし、祖父伊尹は、天禄三年、行成が

生まれた年になくなった。さらに、行成の父義孝は、天延二年、行成がまだ三歳の時になくなった。義孝は僅か二十一歳でなくなったので、官位は右近衛少将従五位下であった。右近衛少将従五位下は、貴族階級としてはもっとも低い官位である。行成は、父が早くなくなったし、また、父の官位が低かったので、官位の

佐理と行成との相違

昇進がはかばかしくなかった。しかし、手書きとしては非常にすぐれていたばかりでなく、四納言のひとりに数えられているほどの人物であり、事務にも練達していた。その上、時の権力者であった御堂関白道長の愛顧を得ていた。そのため、後には正二位権大納言にまでなることができた。その点は佐理とは少し違っている。

行成の屈辱

一条天皇の時、四納言といわれていた人たちが、歌合のあとでけまりをした。

公任の暴言

その時、まりがかかり（けまりの庭に植えた樹木）の外に落ちたのを、公任が「このまりを大臣・

行成の嘆声

大将の子ならざらん人とるべし。」と言ったので、行成は、「短命こそくちをしけ

れ。少将（右近衛少将、行成の父義孝）生きたらましかば、三公（太政大臣・左大臣・右大臣、あるいは左大臣・右大臣・内大臣）の位をばきらはれざらまし。」と言ったということである（『十訓抄』上）。公任の父は従一位関白太政大臣頼忠であり、斉信の父は従一位太政大臣為光であり、俊賢の父は正二位左大臣高明である。すなわち、みんな三公の位にのぼった人ばかりである。それにひきかえ、行成の父だけは右近衛少将従五位下という非常に低い地位であった。しかし、行成の父（義孝）は、正二位摂政太政大臣（伊尹）の子であるから、伊尹がもっと長生きをし、また、義孝ももっと長生きをしていたら、必ず大臣・大将になることができたに違いない。

大臣の尊貴

当時の大臣は非常に尊貴なものであった。『小右記』（永観二年（佐理四十一歳の年）十二月六日の条）に、右大臣兼家が権大納言朝光の家へ行ったので、大臣が納言の家へ行った例は無いと言って、天下の人はこの上なく驚いたということが見えている。そのような時代であったから、門地の低い家に生まれた者は、門地の高い家に生まれた者にはずかしめられるようなことも有ったのである。そして、行成は、父が早くなったばかりに、はずかしめを受け、無念の涙を流したことが、一度ならず、たびたび有ったことと思われる。佐理もやはり行成と同じような悲哀をあじわったことが何度か有ったに違いない。

四　童殿上

天暦三年
佐理六歳

天暦三年、佐理は六歳になった。

この年八月十四日、曽祖父忠平（従一位関白太政大臣）が七十歳でなくなった。忠平の死は、佐理にとっては、たいした打撃ではなかったと思われる。

童殿上
佐理七、八歳

天暦四－五年、佐理が七－八歳のころ、佐理は童殿上《わらわてんじょう》（内裏の作法見習いのため、名家の童児が殿上に奉仕すること）を許されて、殿上に奉仕するようになった（『重之集』）。佐理は従二位左大臣（実頼）の孫であるから、殿上童になることができたのである。

佐理が殿上童になったのはいつのことかよくわからない。しかし、長徳四年、前太政大臣兼家の孫鶴君（道長の子頼通）が殿上童になったのは七歳の時のことである。それゆえ、佐理もおそらく七歳あるいは八歳のころ、すなわち天暦四－五年のころ殿上童になったことと考えられる。

読書始め佐理十歳前後

当時、貴族階級の子弟は、早ければ七－八歳、遅くても十二－三歳、だいたい十歳前後に、読書始めの儀式を行った。そして、学問を始めたのである。佐理の教育に関しては、祖父実頼が深い関心を寄せていたであろうから、佐理も十歳前後に学問を始めたに違いない。

手習始め

当時、皇太子などは、読書始めの儀式に引き続いて手習始めの儀式を行っていた。それゆえ、貴族階級の子弟も、読書始めと同時あるいはその前後に手習いを始めたことと考えられる。そして、佐理も七－八歳あるいは十歳前後から手習いをしていたに違いない。

『九条殿遺誡』

藤原師輔（実頼の弟）の『九条殿遺誡《ゆいかい》』には、貴族階級の男子の教養としては、第一に読書すなわち学問、第二に手習いが大切であることを教えている。それゆえ、佐理は読書と手習いとを習ったはずである。

大江朝綱

当時第一の手書きは小野道風であり、道風につぐ手書きは大江朝綱であった。朝綱は、村上天皇の時、道風と手跡の優劣を争ったほどの人である（『江談抄』）。それゆえ、手書きとしてもすぐれていたことがわかる。また、朝綱の真跡と認めることができる『紀家集』（巻十四、一巻）が残っている（宮内庁書陵部所蔵）。

『紀家集』

それは朝綱が手書きであったことを証明している。『紀家集』は、延喜十九年（九一九）朝綱が三十四歳、道風が二十六歳の時、佐理が生まれる二十五年前に書いたものである。そして、その書風は、だいたい中国風であり、和様ではない。

中国風と和様

朝綱は、官位は参議正四位下になり、学者としてすぐれていたばかりでなく、詩文は当時第一の人であった。しかし、天暦のころ（九四七—九五六）には、中国風は、時代遅れの古い書風になり、一部には行われていたが、次第に衰え、影が薄くなっていた。それにひきかえ、道

古い書風
新しい書風
和様の流行

風が書き始めた新しい書風すなわち和様は、人々に愛好され、次第に流行した。かつ、朝廷および権門勢家の書役はたいてい道風がつとめていた。それゆえ、当時佐理が習っていたのは和様であり、中国風ではなかっ

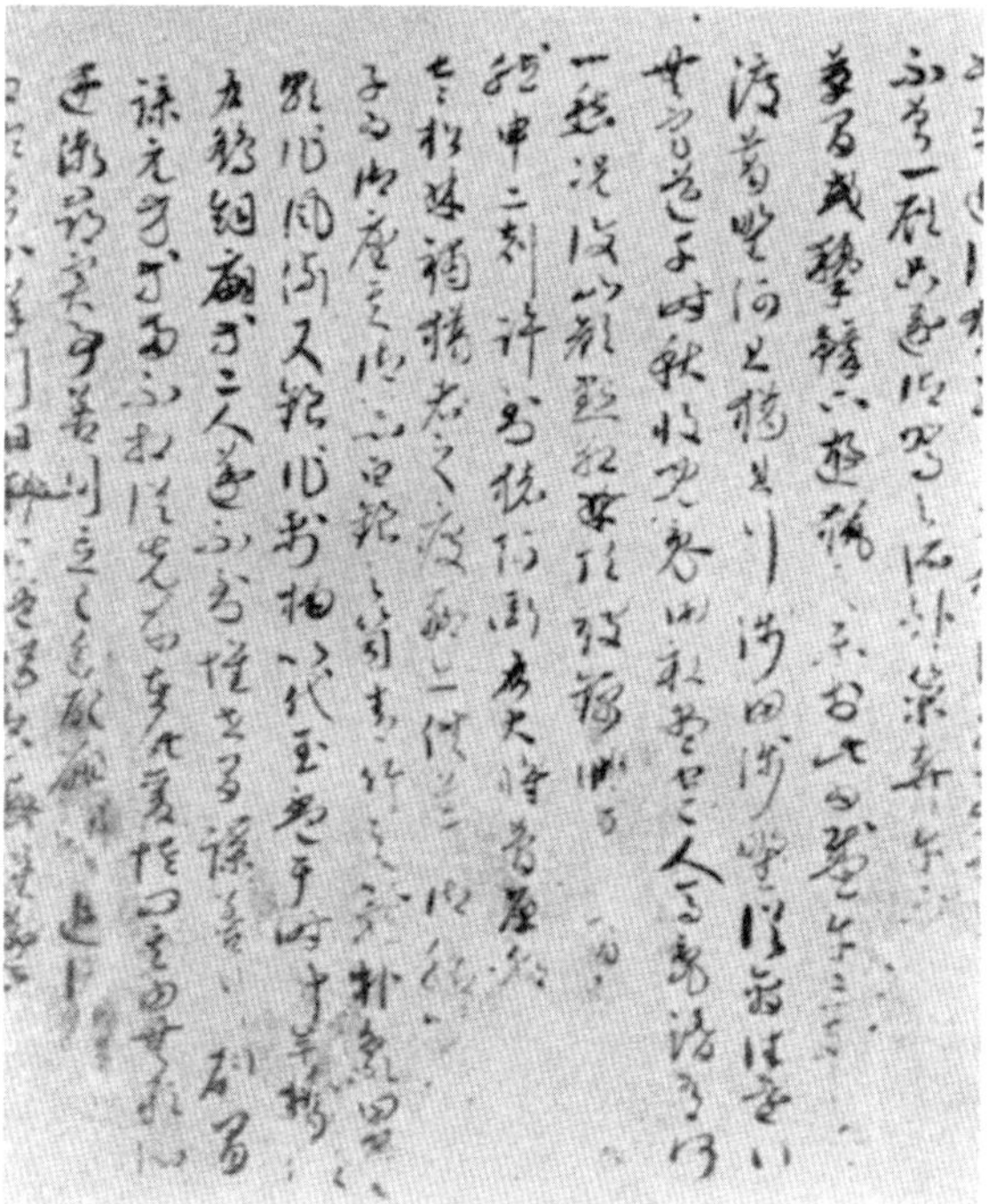

大江朝綱筆『紀家集』

佐理が習った書風

たと思われる。佐理が二十六歳の時（安和二年）に書いた『詩懐紙』（口絵）の書風は和様であるから、佐理が少年のころ習った書風が和様であったと推定することは、誤りではないと思う。あるいは、佐理は道風の書跡を手本として用いたかもしれない。佐理が十歳の時（天暦七年）道風は六十歳であった。道風は早くから当時第一の手書きとして尊重されていたから、道風の書跡は手本として用いられていたはずである。

当時の世情菅原文時の封事

天暦八年（佐理十一歳）および天徳元年（佐理十四歳）に、菅原文時（道真の孫）は二度封事《ふうじ》を奉った。天徳元年の封事には、

一、奢侈《しゃし》を禁ずることを請う事、

一、官を売るを停むることを請う事、

一、鴻臚館《こうろかん》（外国の客賓を接待した客館）を廃失せずして、遠人（外国人）を懐《なつ》け、文士を励ますことを請う事、（原漢文）

ぜいたく　売官

を述べている（『本朝文粋』巻二）。これによって、一般にぜいたくになっていたこと、売官が行われていたことが明らかである。ぜいたくになっていたことは、貴族階級が栄えていたことであるが、売官が行われていたことは、綱紀が乱れていたことを示しており、貴族階級が衰える原因を自ら作っていたことがわかる。

天暦十一年　佐理十四歳

天暦十一年十月二十七日に改元されて、天徳元年（九五七）になった。佐理は十四歳になった。

元服

佐理はいつ元服（服を改め、髪を結い、冠を加え、成人になったことを表わす儀式）したかよくわからない。しかし、当時の貴族階級の男子は、たいてい十歳余りで元服していた。たとえば、公任は、天元三年、十五歳の時に元服し、行成は、天元五年、十一歳の時に元服した。佐理も多分十二―三歳か十四―五歳かの時に元服したことと思われる。

童名

藤原頼通は幼少のころは鶴君（童名）といわれていた。そして、元服の時、頼通と名付けられたのである。佐理の童名《わらわな》はわからないが、幼少のころから佐理といっていたのではない。やはり元服した時佐理と名付けられたのである。

名の読み方

「道風」「行成」は普通「トウフウ」「コウゼイ」といわれている。そして「ミチカゼ」「ユキナリ」とはいわない。しかし、正しくは「ミチカゼ」「ユキナリ」というべきである。「道長」「公任」は必ず「ミチナガ」「キントウ」といい、決して「ドウチョウ」「コウニン」とはいわない。しかし「俊成」「定家」はたいてい「シュンゼイ」「テイカ」といい、普通には「トシナリ」「サダイエ」とはいわない。このように、古人の名の読み方には、古くから読みくせがきまっている。

読みくせ

名の音読

「道風」「行成」を「トウフウ」「コウゼイ」と音読するように「佐理」も「サリ」と音読されており、普通の場合「スケマサ」と訓読されることは無い。しかし、「佐理」もやはり訓読されるべきである。

唐風の氏名

平安時代の詩文集には、四字の姓名を三字書きにしている例が多い。たとえば『文華秀麗集』は「小野岑守《みねもり》」を「野岑守」、「勇山《いさやま》文継」を「勇文継」、「滋野貞《しげののさだ》主《ぬし》」を「滋貞主」と書き、『経国集』は「賀陽《かやの》豊年《とよとし》」を「陽豊年」、「菅原清公《きよきみ》」を「菅清公」、「藤原冬嗣《ふゆつぐ》」を「藤冬嗣」と書き、また『本朝麗藻』は「大江以《もち》言《こと》」を「江以言」、「高階積善《たかしなのもりよし》」を「高積善」と書いている。これは中国風を尊重していた時代の中国風のまねの一つの例である。

佐理の読み方

佐理の名は「藤原佐理」と書くと「フジワラノスケマサ」と訓読し、中国風に「藤佐理」と書くと「トウサリ」あるいは「トウノサリ」と音読していたのではないかと思う。しかし、後には「藤原佐理」と書いても「フジワラノサリ」と読むようになった。

訓読している例

大納言朝光（佐理より七歳年少）の家集『閑院左大将朝光卿集』には「大宰大弐佐理」を、「すけまさの大弐」といい、『栄華物語』（花山）には「手書きのすけまさ」といっている。古くは「スケマサ」と訓読していたのである。しかし『諱訓抄《きくんしょう》』は「佐理」を「スケタカ」と読んでいる。「スケタカ」と読んでいる例は、ほかには無い。

天徳二年 佐理十五歳

天徳二年、佐理は十五歳になった。

小野道風の申文

この年正月十一日、道風は申文《もうしぶみ》を奉った。それは菅原文時が作ったもので、『本朝文粋《もんずい》』（六巻）に収められている。その中に、拝除の例を検するに、木工頭《もくのかみ》にして四位になった者がまもなく国の守に任ぜられた例は、藤原兼三や橘惟風《これかぜ》などの例が有る。しかるに、道風は、官位の昇進がとどこおっている。今までたびたび朝廷の書役《かきやく》を奉仕したが、御恩にあずかることができなかった。私の身は本朝に沈《ちん》淪《りん》しているが（官位の低いことをいう。）私の名は唐国（中国）にまで伝えられている（延長四年、僧寛建が入唐する時、道風の書跡二巻を携行させて、中国人に示させたことをいう。）。なにとぞ山城守に任ぜられ、近江権守を兼ねたいと書いている。

道風の希望

当時、国司の収入は非常によかったので、多くの人が争うて国司を望んだ。そして、道風も山城守と近江権守とを望んだのである。しかし、村上天皇は、道風の書跡は非常に愛好されたが（『十訓抄』下）、その望みは聞き届けられなかった。道風

手書きの不遇

は、手書きとしては非常にすぐれていたが、ほかには才能の無い人であったから、官位の昇進ははかばかしくなかった。当時でも、書芸に長じていただけでは、官位の昇進がむつかしかったことは、道風の例によって明らかである。

阿保懐之

この年四月八日、図書允《ずしょのじょう》阿保懐之《かねゆき》に新銭(乾元大宝)の文字を書かせた。当時、道風は目がわるくて細字を書くことができなかったし、また、藤原文正は道風につぐ手書きであったが、触穢《しょくえ》のため書くことができなかったので、懐之が書いたのである。文正・懐之も手書きであったが、道風に圧倒されて、影の薄い存在であった。また、紀時文(貫之の子)や兼明親王も手書きとしてすぐれていたが、道風には比べることができない。

藤原文正

五　青年期

天徳四年佐理十七歳

天徳四年、佐理は十七歳になった。

当時、朝廷には、正二位左大臣実頼と正二位右大臣師輔の兄弟が並び立っていた。しかし、師輔は、その女安子が村上天皇の皇后になっていたから、その縁ではぶりがよかった。しかるに、この年五月四日、師輔は五十三歳でなくなった。師輔がなくなると、実頼ひとりがますます世に重んぜられるようになった。

師輔死亡

この年九月二十三日夜、内裏が焼け、累代の珍宝が灰になった。都が京都に移されて以来百六十七年間も無事であった内裏がこの時焼けたことは、皇権が衰える前兆であるかのように思われる。

内裏焼亡

当時佐理は近衛将監《このえのしょうげん》（近衛府の第四等官）になっていた。いつ将監になったかわからないが、『日本紀略』の天徳四年十月三日の条に「将監藤原佐理」と見えている。

近衛将監

天徳五年二月十六日に改元されて、応和元年（九六一）になった。佐理は十八歳になった。

応和元年佐理十八歳

この年正月七日、佐理は氏の爵を得て、従五位下に叙せられた（『公卿補任』）。律令の

従五位下

貴

通貴

制では、三位以上を「貴」といい、五位以上を「通貴」といい、五位以上の者は、政治的・経済的・身分的特権が、六位以下の者とは格段に相違していた。家格の高い家に生まれた者は、成年になると、五位に叙せられたが、家格の低い家に生まれた者は、五位になることは、決して容易なことではなかった。佐理は左大臣実頼の孫であり、実頼は氏の長者であった。氏の長者は、毎年正月の除目《じもく》に、氏人の中から叙爵（五位に叙せられること）される者を推挙する特権を与えられていた。それゆえ、佐理は、祖父実頼の推挙によって、十八歳で従五位下になることができたのである。

佐理と道風との比較

道風は、延長（九二三―九三〇）の末、三十歳代の後半期に、やっと五位になることができたらしい。すなわち、佐理が参議になった時の年齢（三十五歳）とだいたい同じぐらいである。道風が『屏風土代《どだい》』を書いたのは延長六年であり、三十五歳の時である。それ以前から道風は当時第一の手書きとして尊重されていたが、家格の低い家に生まれたため、なかなか五位になれなかったのである。それゆえ、道風に比べると、佐理は幸福であったといわなければならない。

昇殿

正月二十八日、道風と佐理とは同時に昇殿（清涼殿の南面の殿上の間に昇ることを許されること）を許された。昇殿は、官位の高い者は誰でも許されたのではない。それゆえ、昇殿を許されることは、栄誉とされていたのである。

道風の昇殿

この年、道風は六十八歳で、官位は内蔵権頭《くらのごんのかみ》従四位下であった。普通なら昇殿を許されるようなことは無いのであるが、当時第一の手書きであり、たびたび朝廷の書役をつとめたので、その才能と功労とが認められて、この時はじめて昇殿を許されたのである。道風にとっては、枯れ木に花が咲いたような喜びであったに違いない。

佐理の昇殿

この年、佐理は十八歳で、まだ手書きといわれるほどではなかった。また、能も無く、功も無かった。それにもかかわらず、昇殿を許されたのは、佐理が左大臣実頼の孫であるからである。それゆえ、道風に比べると、佐理は恵まれていたといわなければならない。

侍従

当時、佐理は散位《さんい》であった。『扶桑略記』の天徳四年正月二十八日の条に、「散位藤原佐理」と見えている。しかし、この年十一月三日、侍従に任ぜられた。

応和二年佐理十九歳　殿上人女房歌合

応和二年、佐理は十九歳になった。

この年五月四日（庚申）夜、内裏で殿上人（昇殿を許された人）と女房《にょうぼう》の歌合が行われた。佐理は、この歌合に加えられて、六番の「待ツ二郭公《ほととぎす》ヲ一」という題で、

佐理の歌

　さみだれにふりでて鳴くと思へどもあすのためとや音《ね》を残すらん

という歌をよむと、それに対して、靫負命婦《ゆげいのみょうぶ》は、

　あやめぐさねを深くこそほりてみめちとせも君とひかんとぞ思ふ

という歌をよんだ（『十巻本歌合』第二巻『内裏歌合』）。

和歌の盛行

平安時代初期には、詩文は非常にさかんであったが、和歌は一時衰えていた。

しかし、中期および後期には、詩文はやや衰えたが、和歌は非常にさかんになった。延喜五年（九〇五）すなわち佐理が生まれる三十九年前に、勅撰集（『古今集』）撰進の詔が下されたことは、和歌が詩文に代ったことを示している。従来、詩文は男子の公の文芸、和歌は女子の私の文芸と考えられていたが、この時はじめて和歌も詩文と同じように公の文芸となることができたのである。

佐理時代の和歌

佐理が生まれた天慶七年（九四四）には『古今集』時代の歌人はたいていいなくなっていた。佐理の時代は、中年までは『後撰集』時代であり、晩年は『拾遺集』時代である。

梨壺の五人

天暦五年（九五一）撰和歌所《せんわかどころ》が昭陽舎《しょうようしゃ》すなわち梨壺《なしつぼ》に設けられた。そして「梨壺の五人」と称せられている清原元輔・紀時文・大中臣能宣・源順《したごう》・坂上望城《もちき》の五人が、命ぜられて寄人《よりうど》となり、藤原伊尹《これただ》が別当になった。撰和歌所では、当時すでに読みがたくなっていた『万葉集』の訓読を試みるとともに、新たに、勅撰集を編集することになった。そして、その結果『万葉集』の古点が施され、また『後撰集』が撰進されたのである。

歌合

歌合は、九世紀の後半期には、すでに時々行われていた。そして、十世紀になると、非常にさかんになった。ことに、天徳四年（九六〇）三月三十日に内裏で行われた歌合は、もっとも盛大であった。その後、歌合はますますさかんになった。

和歌会

当時、作文会《さくもん》（詩を作る会）がしばしば催されたように、和歌会もたびたび催された。そして歌人を召し、歌を作らせ、また、音楽が奏せられたり、宴飲が行われたりした。

当時、和歌会や歌合がたびたび行われたのは、和歌がもっとも尊重され、もっとも愛好されていたからである。

女子の教養

村上天皇の女御藤原芳子（宣耀殿の女御）は左大臣師尹《もろただ》（延喜二〇―安和二 九二〇―九六九）の女である。芳子

師尹の教訓

がまだ姫君であった時、師尹は、芳子に、

一つには御手を習ひ給へ。次にはきんの御琴をいかで人にひきまさらんとおぼせ。さて、古今の歌二十巻をみなうかべさせ給はんを御学問にはさせ給へ。

と教えたということである（『枕草子』）。「手を習う」というのは「手習いをする」ことである。「古今」は『古今集』である。すなわち、第一には手習いをすること、第二にはきん（琴）を習うこと、第三には『古今集』二十巻の歌を全部（約一一〇〇首）暗記することを学問とすべきであると教えたというのである。これによって、当時の貴族階級の女子の教養としては、書芸と音楽と和歌とがもっとも重んぜられていたことがわかる。

『古今集』の暗記

村上天皇は、女御芳子が『古今集』の歌を全部暗記していると聞いておられたので、ある時試問されたところ、一首も誤らなかった（『枕草子』『大鏡』巻之三）。『古今集』二十巻の歌を全部暗記することは容易なことではない。しかし、当時は『文選《もんぜん》』を暗記していた人さえいた。それゆえ『古今集』を暗記していた人がいても、珍しいことではない。これも当時『古今集』が尊重されていたからであり、すなわち、和歌が尊重されていたからである。

『拾遺集』

『後撰集』の成立後半世紀ばかりして『拾遺集』が成立した。『拾遺集』の成立年時はよくわからないが、寛弘年間(一〇〇四—一〇一二)には成立していたようである。それゆえ、佐理の晩年は『拾遺集』時代の前半期であったといえる。当時和歌は非常にさかんであった。そして、すぐれた歌人がたくさん輩出した。それゆえ、歌の贈答がさかんに行われた。従って、貴族階級に属する者は、男子も、女子も、みんな歌を作ることができなければならなかったし、また、はやく、じょうずに歌を作ることができた。

行成の歌

殿上で歌論議が行われた時、ある人が「なにはづにさくやこのはなふゆごもり、いかに。」と言ったのに対して、行成は「え知らず。」と答えて、人々に笑われたということである(『大鏡』巻之五)。しかし、行成もやはり歌を作ることができた。行成の歌は『後拾遺集』以下の勅撰集に九首選入されている。また、行成と清少納言とが歌の贈答をしたことは『枕草子』に見えている。

道風の歌

道風もやはり歌を作っている。道風の歌は『後撰集』に五首選入されている。

佐理の歌

しかし、佐理の歌は、勅撰集には一首も選入されていない。佐理の祖父実頼は歌人といわれているほどの人であり、その歌は三十四首も勅撰集に選入されている。また、佐理の父敦敏の歌も『後撰集』に一首選入されている。

歌を作らなかった人

佐理も歌を作ることができた人であることは『殿上人女房歌合』の歌によって明らかである。しかし、佐理の歌は、ほかには残っていない。佐理は歌を作らなかった人ではないかと考えられる。和歌のさかんな時代に生まれて、歌を作らなかったということは、常人とは少し違っている。

右兵衛権佐

この年八月七日、佐理は右兵衛権佐《うひょうえのごんのすけ》（右兵衛府の第二等官）に任ぜられた。道風が右兵衛佐に任ぜられたのは四十九歳の時であったが、佐理は十九歳で右兵衛権佐になった。

康保元年佐理二十一歳

応和四年七月十日に改元されて、康保元年（九六四）になった。佐理は二十一歳になった。

正月七日、祖父の左大臣実頼は従一位に昇叙された。

この年、佐理の外祖父元名は正四位下参議兼宮内卿讃岐守であったが、二月二十三日に致仕《ちし》し、八月に出家入道した。元名は八十歳の老齢であったから、老衰のため、任にたえられなくなっていたのである。

佐理の妻

佐理の妻は正三位権中納言藤原為輔《ためすけ》の女である。為輔は従四位上左兵衛督朝頼の長子である。

冬嗣―長良―基経―忠平―実頼―敦敏―佐理―頼房
　　　　　　　　　　　　　　　　　　　　　　―女
　　―良房
　　―良門―高藤―定方―朝頼―為輔―惟孝
　　　　　　　　　　　　　　　　　―説孝

┬宣孝（紫式部の夫）
└女（佐理の妻）

為輔は冬嗣六世の孫である。そして、佐理も冬嗣七世の孫であり、また、佐理の妻も冬嗣七世の孫である。

藤原淑子

『小右記』（天元五年三月十一日の条）に、藤原淑子を御匣殿《みくしげどの》の別当としたということが見えており、その注に「参議佐理妻」と記されている。それゆえ、佐理の妻は名を淑子といい、天元五年（佐理三十九歳の年）御匣殿の別当になったことがわかる。

佐理が結婚した時期

佐理が為輔の聟《むこ》になったのはいつのことかよくわからない。しかし、康保元年（佐理二十一歳）か応和三年（佐理二十歳）かではないかと考えられる。そして、佐理の子頼房が生まれたのは康保元年か康保二年かではないかと思われる。（この推定に確かな根拠は無い。ただ天元四年に頼房が従五位下に叙せられた時、頼房が十八歳であったと仮定して計算したのである。）

為輔は応和元年に丹波守になり、正五位下に叙せられた。為輔が佐理を聟に迎えた当時は正五位下丹波守であった。

康保二年佐理二十二歳

康保二年、佐理は二十二歳になった。

外祖父元名の死

源高明

四月、外祖父元名が八十一歳でなくなった。同月、右大臣兼左近衛大将顕忠も六十八歳でなくなった。そして、五月十一日、顕忠の代りに、大納言源高明（延喜一四—天元五、九一四—九八二）が左近衛大将に任ぜられた。高明は醍醐天皇の第十七皇子で、朱雀天皇・村上天皇・兼明親王とは兄弟である。聡明にして典礼故実に通じ、著書に『西宮記』が有る。すぐれた人物であったから、藤原氏にはけむたがられていた。

康保三年佐理二十三歳

康保三年、佐理は二十三歳になった。

正月十六日、大納言兼左近衛大将高明は右大臣に任ぜられ、引き続いて左近衛大将を兼ねた。当時はやはり左大臣実頼を中心とした藤原氏の勢力がもっとも強大であったが、高明は、藤原氏にとっては、軽視できない存在であり、心配の種であった。

右近衛権少将

正月二十七日、右兵衛権佐佐理は右近衛権少将に任ぜられた。

勅答使

二月九日、高明は右大臣を辞する表を奉った。しかし、これは儀礼的に奉ったものであるから、翌十日には返された。その時の使は佐理に命ぜられた。(『小右記』の永祚元年十二月十五日の条に、勅答使は少将をつかわされるのが例であると見えている。)

侍臣の舞

十月七日、殿上で侍臣の舞があった。左大臣実頼が箏《そう》の琴《こと》をひき、右大臣高明が琵琶《びわ》をひき、治部卿雅信・朝成が笙《しょう》を吹き、源博雅・右馬允《じょう》藤原清適《きよゆき》が横笛を吹き、吉水清真《きよざね》が大ひちりき、良岑《よしみね》行正が小ひちりき、左衛門督《かみ》師氏が銅鈸《どうばち》、修理大夫源重信が鞨鼓《かっこ》、助信が摺鼓《しゅうこ》、寛仁が拍子、右衛門志《さかん》秦良佐《はたのよしすけ》が大鼓、共政が鉦鼓《しょうこ》、左馬允永原守節・播磨掾《はりまのじょう》藤原公方が唱歌をした。そして、まず、万歳楽

佐理の舞

が奏せられたが、舞人は佐理と高遠(佐理のいとこ)とであった。次に、延喜楽・賀殿《かでん》・輪《りゅう》台《だい》・青海波《せいがいは》・散手《さんじゅ》破陣楽・帰徳候が奏せられ、次に、太平楽が奏せられることに

なっていた。太平楽の舞人は四人決められていたが、そのうちのひとりに数えられていた済時《なりとき》が、所労のため、急に出られなくなったので、佐理と為光（佐理の妹の夫）のふたりが代りをつとめた。それから、酣酔楽《かんすいらく》・胡飲酒《こんじゅ》・蘭陵王《らりょうおう》・納蘇利《なそり》が奏せられた。実に盛大であった。この時、佐理は禄としてひとえの白うちぎ一かさねを与えられた（『扶桑略記』）。

舞楽の尊重

当時、貴族階級においては、音楽や舞踊は、学問・文芸・書芸などとともに欠くことのできない教養として重んぜられていた。そして、当時はいわゆる詩歌管絃（詩・歌・音楽）の遊びがたびたび行われた。詩を作り、歌をよみ、音楽を奏し、舞踊をすることは、当時の貴族階級にとっては、日常生活の一部分であった。

佐理は、笛をふくとか、琵琶をひくとか、音楽もひととおりは習ったに違いない。しかし、音楽のことはわからない。

佐理と舞

佐理は、舞踊には長じていた。万歳楽を舞ったばかりでなく、人に代って太平楽を舞ったことは、佐理が舞踊に長じていたことを示している。舞踊に長じていたから、選ばれて、人に代り、太平楽を舞ったのである。佐理は舞踊に長じていたから『離洛帖』（口絵）のような、奔放自在に筆を走らせて、しかも節度を失わない、変化の多い、美しい消息を書くことができたのである。

舞の習得

藤原明衡《あきひら》（―治暦二、一〇六六）の『雲州消息』（上末）には、幼少の子が臨時祭の舞人を奉仕するので、舞の師を招いて、舞を習うということが見えている。また、源俊房（長元八―保安二、一〇三五―一一二一）の日記『水左記』（治暦三年四月十四日の条）には、小児が正助という者を師として胡飲酒を習うということが見えている。おそらく、佐理も幼少のころから舞を習っていたことと考えられる。

道長・公任出生
道風死亡

この年、道長と公任とが生まれた。そして、この年十二月二十七日、道風が七十三歳でなくなった。

この年、佐理はまだ二十三歳であったから道風がなくなっても、すぐ佐理が道風の代りに用いられるということはなかった。そして、道風時代の後、佐理時代の前に、短期間であるが、紀時文(貫之の子)の時代がはさまるのである。

女子の出生

佐理には一男一女が有った。佐理の女はいつ生まれたかよくわからないが、康保二―三年に生まれたらしい。『栄華物語』(根合)に、天喜四年(一〇五六)四月三十日、皇后宮で歌合が行われた時、佐理の女は清書の書役をつとめたが、その時「九十余り」であったということが見えている。仮に、天喜四年に九十歳であったとすると、康保四年に生まれたことになる。頼房が生まれた時より後、康保四年より前というと、康保二―三年に生まれたことになる。

佐理の女

佐理の女は、佐理のいとこの懐平《かねひら》の妻になった。懐平は正三位権中納言になった。懐平と佐理の女との間に経任《つねとう》が生まれた。経任は正二位権大納言になった。

実頼―┬敦敏―佐理―┬頼房
　　　│　　　　　　└女子
　　　└斉敏―懐平―経任

佐理の女は佐理に劣らない手書きであり、「女の手書き」といわれていた(『大鏡』巻之三)。そして、行成につぐ手書きとして有名な源兼行(延幹の子)などとともに歌合の清書の書役をたびたびつとめた。九十歳余りまで生きていたが、筆力が衰えることが無かったということである(『栄華物語』根合)。

女の手書き

頼房は凡庸《ぼんよう》であったらしい。しかし、佐理の女は、佐理に劣らない手書きであったというのは少しほめ過ぎであろうが、手書きとしては非常にすぐれていた。おそらく、藤原時代第一の「女の手書き」であったと思われる。

康保四年佐理二十四歳

康保四年、佐理は二十四歳になった。

近江介

正月二十四日、右近衛権少将佐理は近江介を兼ねたが、これは遙任《ようにん》であり、近江国(滋賀県)へ赴任したのではなく、やはりずっと京都にいた。

冷泉天皇

五月二十五日、村上天皇は四十二歳でなくなられた。そして、第二皇子の冷泉《れいぜい》天皇が即位された。天皇の御母は村上天皇の中宮藤原安子(師輔の女)である。天皇は病弱であったから、在位二年足らずで譲位された。

この年、冷泉天皇はまだ十六歳であったから、六月二十二日、皇太子傅《ふ》であった左大臣実頼が関白に任ぜられ、万機を決した(冷泉天皇の外祖父師輔は七年前(天徳四年)になくなっていた。)。村上天皇の治世には、摂政も関白も置かれなかったが、これより後、再び摂政あるいは関白が引き続いて置かれた。

実頼関白になる

実頼は、関白に任ぜられて、権勢がますます強大になったことはいうまでもない。そして、その後、政権は完全に摂政あるいは関白の手に移った。同時に、皇権は衰えた。そして、冷泉天皇以後は、天皇を天皇といわず、院というようになった。

皇権の衰退

九月一日、村上天皇の皇子守平親王(後の円融天皇)が皇太弟になられた。この日、佐理は東宮の昇殿を許された。関白の孫であるから、特別優遇されたのである。

東宮の昇殿

十月十七日、佐理は従五位上に昇叙された。続いて、十一月某日、改めて昇殿

従五位上

昇殿

を許された。昇殿の許可は、天皇の代ごとに行われるのである。

十二月十三日、関白左大臣実頼は太政大臣に任ぜられ、右大臣高明が左大臣に任ぜられた。高明は、藤原氏にとっては、目の上のこぶのようなものであった。

安和元年佐理二十五歳

康保五年八月十三日に改元されて、安和元年（九六八）になった。佐理は二十五歳になった。

勅答使

六月二十一日、関白実頼は太政大臣を辞する表を奉った。その表は、翌二十二日、佐理を勅答使として返された。

正五位下

十一月二十三日、佐理は正五位下に昇叙された。翌二十四日に行われる大嘗会の悠紀《ゆき》の国は近江国（滋賀県）、主基《すき》の国は播磨国（兵庫県）である。それゆえ、近江介を兼ねていた佐理は、悠紀の国の国司の一員であるから、賞として位一階を上げられたのである。

紀時文

二十四日の大嘗会に用いられた屛風の色紙形は、大膳大夫紀時文（貫之の子、『後撰集』の撰者のひりと）が書いた。時文は、村上天皇の時、月次《つきなみ》屏風の色紙形を書いたことが有り（『古今著聞集』巻五）、また、貫之が書いた侍従所の壁書が損傷したのを書き直したこ とが有る（『左経記』長元七年十二月十六日の条）。それゆえ、時文はかなりの手書きであったことがわかる。道風没後は、おそらく、兼明親王につぐ、第一流の手書きとして尊重されていたに違いない（兼明親王は尊貴の方であるから、大嘗会の屏風の色紙形を書くことはできなかった。）。

この年、佐理はまだ二十五歳であったから、大嘗会の屏風の色紙形を清書する大役をつとめるには少し早すぎた。それゆえ、時文に命ぜられたのである。

六　詩懐紙

安和二年佐理二十六歳
花の宴

安和二年、佐理は二十六歳になった。

三月十四日、関白実頼の家（小野宮殿）で、桜の花を見ながら詩や歌を作る会が催された。陰暦三月十四日はちょうど、桜の花の満開のころである。藤原師通の日記

『後二条関白記』の永保三年三月十一日の条に「桜花盛」と見えており、また、寛治七年三月十日の条にも、十一日の条にも「桜花盛綻《ほころぶ》」と見えている。当時「花」というのは「桜の花」であった。桜の花が花の代表とされていたのは、人人にもっとも愛好されていたからである。実頼もやはり桜の花が好きであったらしい。前々年(康保四年)の二月二十八日には、月林寺へ行き、桜の花を賞した(『日本紀略』)。

当時の貴族階級の邸宅はたいてい大きかったが、その中でも、実頼の邸宅は特別広大であった。大きな寝殿・対《たい》の屋・渡殿《わたどの》などのほかに、東南の方には、三間四面の御堂を建て、その周囲の廊は供僧の房にしていた。また、大きな湯屋を建てていた。邸内に建物がたくさん有ったから、毎日、工人が七-八人造作をしていた。当時毎日造作のおのの音が聞えていたところは東大寺と実頼の家とであったということである。御堂に参るには、寝殿の南の大きな池を船に乗って行く。池の南は広い野原で、そこには四季おりおりの花を植えてあった(『大鏡』巻之三)。もちろ

小野宮殿の桜

ん、桜の木も有った。『清慎公集』に、

むすめ（村上天皇の女御述子か）にまかりおくれて、又の年（天暦元年か）桜の花ざかりに、家の花を見はべりて、いささかに心を述ぶといふ題を

桜花のどけかりけりなき人に恋ふる涙ぞまづは落ちける

と見えている。実頼の家に桜の木が有ったことがわかる。

隔水花光合

この日、実頼は、座を桜の花の下に移して、絶句一首を作った。題は「隔《テテ》レ水《ヲ》花光合《リフ》」であった（『日本紀略』）。

『詩懐紙』

佐理は実頼の孫である。かつ、実頼に養育されていた。それゆえ、この日、佐理は実頼の身辺にいたはずである。そして、同じように、絶句一首を作った。その時の懐紙がすなわち『詩懐紙』である。『詩懐紙』の題は「隔レ水花光合」である。それゆえ『詩懐紙』はこの時の懐紙であることが明らかである。

平安時代初期の詩文

弘仁（八一〇―八二三）・天長（八二四―八三三）のころから、寛平（八八九―八九七）・延喜（九〇一―九二三）

のころまで、約百年間に、すぐれた詩人がたくさん輩出した。そして、当時は詩文が非常にさかんであった。そのため、空海・嵯峨《さが》天皇・橘逸勢《たちばなのはやなり》の三筆をはじめ、有名無名のすぐれた手書きがたくさん輩出し、書芸が非常にさかんであったのである。

藤原時代盛時の詩文

しかし、延喜以後、和歌がさかんになると同時に詩文は衰えた。延喜以後の詩文は、それ以前の詩文に比べると、劣っているといわなければならない。それでも、だいたい藤原時代の盛時（十一世紀の前半期）までは、詩文はやはりさかんであった。村上天皇は、文芸を尊重し、愛好し、奨励されるとともに天皇自身も詩文をよくされた。円融《えんゆう》天皇（天徳三―正暦二、九五九―九九一）も文雅を好み、文芸を奨励された。一条天皇（天元三―寛弘八、九八〇―一〇一一）もまた文芸を尊重し、愛好し、奨励されたが、天皇自身詩文に長じていた。それゆえ、当時もやはり詩文がさかんであった。そして、天暦（九四七―九五六）のころ（佐理の幼年期・少年期）には、大江朝綱・大江維時《これとき》・菅原文時・橘在列《ありつら》・橘直幹《なおもと》・源順《したごう》・

詩文に長じた人々

兼明親王など、詩文に長じた人が輩出した。また、正暦（九九〇—九九四）のころ（佐理の晩年）には、慶滋保胤《よししげのやすたね》・紀斉名《ただな》・大江匡衡《まさひら》・大江以言《もちとき》・具平《ともひら》親王など、詩藻に富んだ人が輩出した。そして、長徳年間（九九五—九九八）紀斉名は、平安時代の初め以来の詩を

『扶桑集』

集めて『扶桑集』を編集した。また、当時の文は、後朱雀天皇のころ（一〇三七—一〇四五）

『本朝文粋』

藤原明衡が編集した『本朝文粋《もんずい》』に収められている。

作文会

天暦元年（九四七）正月二十三日、綾綺殿《りょうきでん》で内宴が行われた。その時、管絃が奏せられ、大江維時以下十二人の文人が召されて、「花ノ気染ム二春風ヲ一」「鶯ノ声聴ク二管絃ヲ一」を題として詩を作らせられた。天暦三年三月十一日、二条院で花（桜の花）の宴が行われ、大江維時以下二十二人の文人が召されて、「落花乱ス二舞衣ヲ一」を題として詩を作らせられた。また、音楽が奏せられた。同年四月十二日、藤の花の宴が行われ、詩を作り、音楽を奏した。天徳元年（九五七）十月五日、残菊の宴が行われ、文人を召して、「寒軽菊吐《ハク》レ滋ヲ」を題として詩を作らせられた（『日本紀略』）。このように、

おりにふれて、たびたび宴飲が行われ、詩を作り、音楽を奏した。

詩合

天徳三年八月十六日、清涼殿で詩合（詩闘）が行われた。それは実に盛事であった。歌合とともに詩合が行われたことは、詩がやはりさかんであったことを示している。

『文選』の暗誦

藤原師輔の日記『九暦抄』（天暦二年八月十九日の条）に、師輔が子の高光（多武峯少将）を連れて参内した時、村上天皇のお召しによって、高光は天皇の御前に候し、仰せによって、『文選』の『三都賦序』（巻二所収）を暗誦したので、天皇は非常に感嘆されたということである。その時、高光はまだ幼少であった。『三都賦序』は斉《せい》（四七九―五〇二）の左太冲の作で、全文三百三十字有り、名文といわれている。それは幼童には難解であるが、幼童の高光が暗誦したということは、当時は幼少のころから『文選』を読んでいたことを証明している。

詩文集の愛読

すなわち、当時は一般に『文選』が愛読されていたことがわかる。少し後の清少納言の『枕草子』の「文は」の条に、

文集・文選・博士の申文、

と見えている。「文集」は唐の白楽天の『白氏文集《もんじゅう》』である。「博士」は「文章《もんじょう》博士」である。当時は『白氏文集』や『文選』や文章博士が作った申文が尊重され、愛読されていたことが明らかである。

詩文と書芸

このように、当時は、詩文が一般に愛好され、尊重されていたので、詩文はまださかんであった。そして、詩文を書く書芸も一般に尊重され、愛好されて、非常にさかんであった。

教養としての詩文

当時、貴族階級に属した男子は、教養として必ず詩文を学び、また、詩を作っていた。そして、もし、詩を作ることができないと、教養の無い者としてさげずまれなければならなかった。それゆえ、じょうず・へたの違いは有っても、誰でも詩を作ることができた。

佐理は詩人といわれるほどの人ではない。しかし、詩を作ることができた人で

行成の詩

ある。行成も詩人といわれるほどの人ではない。しかし、やはり詩を作ることができた人である。行成が詩を作ったことは、行成自筆と認められている『行成詩稿』と称せられているものが残っていることによっても明らかであり、また、行成の詩は、『本朝麗藻』に収められている。『本朝麗藻』に「拾遺納言」（侍従、大納言）の詩一首があるが、それがすなわち行成の詩である。

佐理の詩

佐理の詩は『詩懐紙』の七言絶句一首が残っているだけであり、当時の詩人の詩を集めた『扶桑集』にも、ほかの詩文集にも、佐理の詩は見えない。おそらく、佐理は、詩を作ることはできたが、じょうずではなかったから、ほとんど作らなかったのではないかと考えられる。手書きとしては非常にすぐれた人であるが、文芸の才は乏しかったようである。

「佐理詩清書」

藤原忠親の日記『山槐記《さんかいき》』（永暦元年十二月五日の条）に「佐理詩清書」と見えている。それは「佐理作の詩の清書」か「佐理筆の詩の清書」かよくわからない。しかし、多分

「佐理作の詩の清書」ではなく、「佐理筆の詩の清書」であろうと思われる。そして、それはすぐれた書跡として尊重されていたものと考えられる。

佐理の文章

佐理の文は、佐理の自筆といわれている消息が五通残っているだけである。当時は、奏状や願文などのような特別の場合の文は、能文の人に依頼して作ってもらっていた。天徳二年正月十一日の道風の奏状は菅原文時が作り、また、寛弘四年正月一日の行成の祭文は大江以言《もちとき》が作った。それはちょうど手書きが清書をするのと同じである。

佐理の書風

『詩懐紙』は、当座の懐紙であるから、怱卒《そうそつ》に書いたものである。しかし、これによって、当時の佐理は、すでに書芸に長じていたことがわかる。かつ、その書風は、道風の『屏風土代』とは少し違うが、やはり秀麗温雅な和様であり、道風の書跡とだいたい同じ傾向にあるものであることが明らかである。

藤原氏の他氏排斥

当時、藤原氏の勢力は強大であった。しかし、左大臣源高明や大納言源兼明

（兼明親王）の存在は軽視できなかった。そこで、一門の繁栄をはかるため、他氏を排斥することを伝統的政策としていた藤原氏は、高明を失脚させるはかりごとをめぐらしたのである。

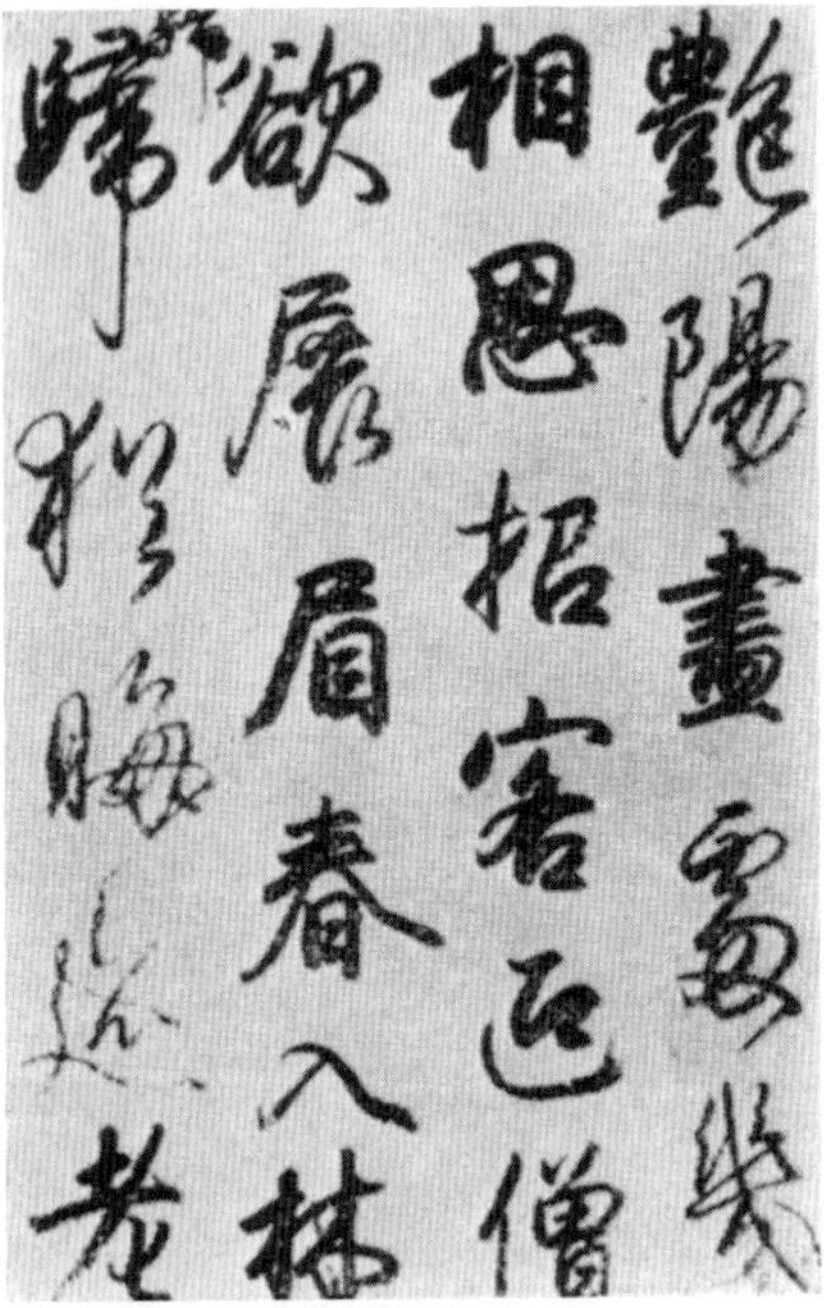

小野道風筆『屏風土代』（部分）

（惜二残春一）

艶陽尽《くる》処幾《いくたびか》相思。
招《き》レ客《を》迎《え》レ僧《を》欲《す》レ展《のべんとを》レ眉。
春《は》入《り》レ林《に》帰《ってなおくらくするが》猶レ晦レ跡
老《は》（尋《ね》レ人《を》到詎《なんぞ》成《さん》レ期《を》）。

（以下略）

この年三月二十五日、左馬助《すけ》源満仲・前武蔵介《すけ》藤原善時等が中務少輔橘繁延・左兵衛大尉《たいじょう》源連・前相模介《さがみのすけ》藤原千晴等は天皇の廃立を企てていると密告した。すなわち、冷泉天皇を廃して、源高明の女婿《じょせい》である為平親王（冷泉天皇の皇弟）を天皇にすることを画策しているというのである。また、高明がこれに関係しているという。そこで、翌二十六日、左大臣高明を大宰権帥《ごんのそち》に左遷し、橘繁延・藤原千晴等を配《はい》流《る》に処した。これがいわゆる安和の変である。

菅原道真の左遷

源高明が失脚した結果、右大臣師尹《もろただ》が左大臣になり、大納言在衡《ありひら》が右大臣に任ぜられた。そして源氏の勢力は一掃され、藤原氏の勢力はますます強大になった。左大臣高明の大宰権帥左遷は、昌泰二年の右大臣菅原道真の大宰権帥左遷と全く同じである。高明も道真も無実の罪におとし入れられ、藤原氏の犠牲になったのである。

藤原氏一門の繁栄

安和の変の後、藤原氏に脅威を与えるような人物は世に出なかった。出られないような世の中になったのである。二年後の天禄二年（九七一）源兼明は左大臣になったが、貞元二年（九七七）親王にされ、左大臣をやめて、中務卿《なかつかさきょう》に任ぜられた。出るくぎは必ず打たれた。そして、藤原氏一門がひとり栄えたのである。

勅答使

五月十七日、関白実頼はまた上表した。今度も佐理が勅答使になった。

円融天皇

八月十三日、病弱であった冷泉天皇は、まだ二十歳で、即位後二年ばかりたっただけであるが、皇太弟守平親王に譲位された。守平親王がすなわち円融天皇である。当時天皇は僅か十一歳であったし、また、天皇の御母は藤原師輔の女安子であるから、太政大臣実頼が摂政に任ぜられた。そして、小野宮殿はますます栄えた。

蔵人
右中弁

九月二日、佐理は蔵人《くろうど》に任ぜられた。さらに、十月十九日、右中弁に任ぜられた。弁官は太政官の重職である。佐理は摂政太政大臣の孫であるから、官位は順調に昇進した。

七　手書きの佐理

安和三年三月二十五日に改元されて、天禄元年（九七〇）になった。佐理は二十七歳になった。

天禄元年佐理二十七歳

五月十八日、祖父実頼が七十一歳でなくなった。早く父を失った佐理は、ただ祖父の愛護によって、幸福に成長することができた。しかるに、摂政太政大臣という大きな後見を失ったため、今まで順境にあった身が、たちまち逆境に立たされた。佐理の前半生は、早く父を失ったことを別にすると、だいたい幸福であったらしいが、後半生はだいたい不幸であった。早く父を失ったので不幸になったのである。

実頼の死亡

実頼に代って、五月二十日、九条流の右大臣伊尹《これただ》（実頼のおい、行成の曽祖父）が摂政になった。伊尹は師輔の長子で、円融天皇の御母である皇后安子の兄であるから、天皇の外

伊尹摂政になる

伯父である。また、皇太子師貞親王（後の花山天皇）の御母である藤原懐子（冷泉天皇の女御）は伊尹の女であるから、伊尹は皇太子の外祖父である。それゆえ、伊尹は世に重んぜられた。しかし、一条殿（伊尹の家）の繁栄は、佐理には縁遠いものである。

師輔─┬─伊尹──懐子（花山天皇生母）
　　　└─安子（円融天皇生母）

大嘗会の屏風の色紙形を書く

十一月十七日、大嘗会が行われた。その時用いられた屏風の色紙形は佐理が清書した。佐理はこの時はじめて晴れの書役をつとめたのである。

当時手書きとしてすぐれた人は、佐理のほかには、兼明親王（五十七歳）がいただけである。しかし、兼明親王は、当時は源姓であったが、尊貴の方であるから、大嘗会の屏風の色紙形の書役をつとめることはできないので、若い佐理が選ばれたのである。年は若いが、佐理は手書きとしては非常にすぐれていた。

大嘗会の屏風の色紙形の筆者

当時第一の手書き

藤原時代に大嘗会の屏風の色紙形の清書をした人は、小野美材《よしき》・小野道風・紀時文・藤原佐理・藤原行成・藤原定頼・源兼行・藤原伊房《これふさ》・藤原定実・藤原定信・藤原朝隆・藤原伊行《これゆき》・藤原朝方など、すべて当時第一の手書きとして尊重されていた人たちばかりである。すなわち、佐理は二十七歳で当時第一の手書きと認められたのである。

当時の佐理がすでにすぐれた手書きであったことは、前年に書いた『詩懐紙』によって明らかである。

佐理の両面

佐理は、祖父を失って不幸になったが、手書きとして尊重されるようになったことは、幸福であったといわなければならない。そして、佐理の後半生には、廷臣としての暗い一面と手書きとしての明るい一面とが有った。

従四位下

大嘗会の三日後すなわち十一月二十日、佐理は従四位下に叙せられた。おそらく、大嘗会の屏風の色紙形を清書した賞であろうと考えられる。当時は宮門や宮殿の額を書くと位を一階上げられていたのであるから、一代一度の大嘗会の風屛の色紙形を書くと、位が一階上がるのは当然のことである。

昇殿

続いて、十二月某日、佐理は昇殿を許された。

天禄二年佐理二十八歳

天禄二年、佐理は二十八歳になった。

源高明の召還

十月二十九日、安和の変によって大宰権帥《だざいのごんのそち》に左遷された源高明が都へ召還された。しかし、ただ封戸《ふこ》を賜わっただけで、再び左大臣の地位につくことはできなかった。それゆえ、藤原氏に脅威を与える心配は無い。

伊尹太政大臣になる

それに反して、摂政伊尹は、十一月二日、太政大臣に任ぜられた。そして、ますます威望を増した。

左中弁

十二月十五日、除目《じもく》が行われ、右中弁佐理は左中弁に転じた。

天禄三年佐理二十九歳

天禄三年、佐理は二十九歳になった。

内蔵頭

四月二十八日、左中弁佐理は内蔵頭《くらのかみ》を兼ねることになった。道風は六十七歳の時（没する七年前）やっと内蔵権頭になることができたが、佐理は二十九歳で内蔵頭になった。やはり家格の高い家に生まれたおかげである。

この年正月、正三位中納言兼右大将兼家（四十四歳）は権大納言に任ぜられ、さらに、二月二十九日、大納言に昇進した。同日、兼家の兄である従三位参議兼通（四十八歳）は権中納言に昇進した。すなわち、官位ともに兄よりも弟の方が上であった。兼家は父師輔の愛子であったし、また、円融天皇の信任を得ていたので、兄兼通よりも官位の昇進が速かったのである。

兼通・兼家関白を争う

当時、左大臣は源兼明、右大臣は藤原頼忠であった。藤原氏以外の者は摂政・関白になることができないおきてになっていたので、兼明は除外されなければならない。そして、順序からいえば、頼忠が関白になるべきである。しかし、兼家は、頼忠および兼通を排して、自分が関白になろうとした。ところが、兼通は、かねて天皇の御母安子（村上天皇の皇后、師輔の女）が、関白の職は兄弟の順に任ぜられるべきであると書き置かれた遺言を得ていて、それを天皇に見せ、兼家を排して、自分が関白に任ぜられようとした。

兼通関白を望む

十月二十三日、伊尹は、病気のため、摂政の職を辞した。その任にたえられなくなったからである。

伊尹死亡

十一月一日、初雪が降った。この日、伊尹は四十九歳でなくなった（この年、行成が生まれた。）。

兼通の栄進

そして、同月二十七日、伊尹に代って、伊尹の弟である兼通が大納言を経ずして、内大臣に任ぜられ、さらに、関白に任ぜられたのである。

藤原氏一族の権力争奪

藤原氏は、従来は他氏の排斥に努力したが、藤原氏ひとりが栄えるようになると、同族互に権力を争うようになった。しかし、佐理は、権力の争奪とは全く縁の無いところにいた。

天延元年佐理三十歳

天禄四年十二月二十日に改元されて、天延元年（九七三）になった。佐理はちょうど三十歳になった。

五月十七日、暴風雨があり、内裏の舎屋は、あるいは倒れ、あるいは破損した。しかし、左中弁兼内蔵頭佐理の身には何事も無く一年が過ぎた。

天延二年佐理三十一歳

天延二年、佐理は三十一歳になった。

官位昇進の停滞

佐理の官位は、天禄二年の末以来三年間、依然として従四位下左中弁である。祖父実頼の没後は、官位の昇進が停滞した。祖父を失った不幸が表面にはっきり表われるようになった。

兼通・兼家の不和

この年三月二十六日、関白兼通は太政大臣に任ぜられた。兼通の権勢は強大になったが、大納言兼家とはますます不和になった。兼通・兼家の不和の原因は権力争いである。佐理は権力の座とは遠く離れたところにいた。そして、この一年も何事もなく過ぎた。

疱瘡流行

この年秋、天下に疱瘡が流行した。そして、年若くして死んだ者がずいぶんたくさんいた（『扶桑略記』）。

九月十六日、行成（三歳）の父義孝も疱瘡にかかってなくなった。行成も佐理と同じような不幸にみまわれたのである。

天延三年佐理三十二歳

天延三年、佐理は三十二歳になった。

従四位上

正月七日、佐理は従四位上に昇叙された。実に五年ぶりの昇進である。また、

紀伊権守

十月五日、紀伊権守を兼ねた。

七月二十九日、東国では大風が吹き、多数の民家が損害を受けた。

貞元元年佐理三十三歳

天延四年七月十三日に改元されて、貞元元年（九七六）になった。佐理は三十三歳になった。

内裏焼亡

五月十一日、内裏が焼けた。さらに、六月十八日、大地震があり、宮城の諸司は多く倒れたり、破損したりした。また、東西両京の舎屋多数が多大の損害を受けた。八省院・豊楽《ぶらく》院・東寺・西寺・極楽寺・清水寺・円覚寺などが倒れた。地震のひどさは未曽有《みぞう》であったということである。清水寺では五十人の人が圧死し

地震

た（『日本紀略』）。また、近江国（滋賀県）の崇福寺の法華堂の南の土地が崩れて、堂が谷底に落ち、鐘堂は倒れ、弥勒《みろく》堂の上の岸が崩れ、大きな石が落ちて、堂をこわし、国分寺の大門が倒れ、国府の庁舎および雑屋三十余宇も倒れ、関寺の大仏が破損した（『扶桑略記』）。翌十九日には、地震が十四度もあり、左衛門の陣の後庁《ごちょう》、堀川院の廊舎、閑院の西の対《たい》の屋、民部省の舎三宇が倒れた。その後も、ほとんど毎日、一日に何度も地震があった。被害が甚大であったばかりでなく、人心は不安におそわれていた。しかし、貴族階級は、享楽と権力の争奪とのほかには、ほとんど顧みることが無かった。

余震

貞元二年佐理三十四歳

貞元二年、佐理は三十四歳になった。

内裏の額を書く

前年五月十一日に内裏が焼けたので、十一月二十八日、立柱上棟《りっちゅうじょうとう》が行われ、この年秋、造営の功を終えた。そして、新造の内裏の殿舎や門の額は佐理が書いた。

額の筆者

宮門・宮殿・寺院の堂塔などの額は、高貴にして書芸に長じた人あるいは手書きとして特別すぐれた人が書くのが例であった。平安時代の初め、内裏が造営された時、諸門の額は、嵯峨天皇・橘逸勢《はやなり》・空海が書いたということである。また、藤原時代の初め、小野道風は、藻壁門や宮殿の額を書いたり、醍醐寺の門の額を書いたりした。

円融天皇佐理筆の額を賞す

佐理が書いた額は、七月八日、円融天皇のお目にかけた。それはすばらしいできばえであったに違いない。天皇は佐理の筆跡のみごとなのに感嘆されて、特に勅禄を下賜された。その額は後日懸けられたのであり、まだ功を終っていなかったが、この日が吉日であったから勅禄を下賜されたということである。佐理は手書きとして特別尊重されていたことがわかる。

正四位下

八月二日、造宮の功によって、中納言藤原文範以下、位を昇叙された。佐理は、額を書いた賞として、正四位下に叙せられた。

六波羅蜜寺の額を書く

この年、佐理は六波羅蜜寺の額を書いたということである（『六波羅蜜寺縁起』中）。

十月十一日、兼通は病気のため関白をやめた。順序としては弟の兼家が関白職をつぐのであるが、兼通・兼家は非常に不和であったから、兼通は、病気をおして参内し、小野宮流の左大臣頼忠（兼通のいとこ、公任の父）に関白職を譲った。そればかりでなく、兼家は右近衛大将を兼ねていたが、兼官を解かれて、治部卿にされた。そして、兼通は十一月八日に五十三歳でなくなった。

頼忠関白になる

天元元年佐理三十五歳

貞元三年十一月二十九日に改元されて、天元元年（九七八）になった。佐理は三十五歳になった。

海賊の横行

当時、瀬戸内海には海賊が横行していた。そして、備前介橘時望《ときもち》は海賊のために殺された。貴族階級が京都で権力を争っている時、地方は次第に乱れていった。

遵子入内

四月十日、関白頼忠の女遵子が入内《じゅだい》し、五月二十二日、女御になった。続いて、

詮子入内

八月十七日、大納言兼家の女詮子が入内し、十一月四日、女御になった（遵子と詮子とはまたい

とこである。）男子は権力を争い、女子は君寵《くんちょう》を争うた。女子の君寵の厚薄は、ただちに男子の権力の強弱に影響したのである。

頼忠太政大臣になる

十月二日、関白左大臣頼忠は太政大臣になり、右大臣源雅信は左大臣になり、大納言兼家は右大臣に任ぜられた。

参議

十月十七日に除目が行われ、左中弁兼内蔵頭であった佐理は参議に任ぜられた。すなわち、やっと公卿の末席に連らなることができるようになったのである。

任参議の年齢

道長は二十二歳で従三位に叙せられ、二十三歳で権中納言に任ぜられた。道隆の子伊周《これちか》は僅か十八歳で参議に任ぜられ、従三位に叙せられ、さらに権中納言になった。伊周の官位の昇進はあまり早過ぎた。公任は二十七歳、行成は三十歳で参議になった。

任参議の遅い人たち

公任や行成に比べると、佐理が参議になったのは遅いといわなければならない。しかし、学者としては非常にすぐれていた大江匡房《まさふさ》でさえ参議になったのは四十八歳の時であったし、さらに、大江朝綱は六十八歳の時やっと参議になることができたのであるから、三十五歳で参議になった佐理はまだいい方である。佐理の外祖父元名は、七十四歳の時、大宰大弐《だいに》で参議になった。また、摂政になった伊尹《これただ》でさえ三十七歳で参議になり、関白になった頼忠でさえ四十歳で参議になったのであるから、佐理は恵まれていたといわなければならない。

天元二年佐理三十六歳

天元二年、佐理は三十六歳になった。

讃岐守

正月二十九日、参議佐理は讃岐《さぬき》守を兼ねた。

この一年も、佐理にはほとんど何事も無く過ぎたようである。

天元三年佐理三十七歳

天元三年、佐理は三十七歳になった。

六月一日、女御詮子が懐仁《かねひと》親王（後の一条天皇）を生んだ。詮子は右大臣兼家の女である。頼忠の女である女御遵子の腹には皇子が生まれなかった。そして、これより後、

兼家の権力増大

右大臣兼家の勢力はにわかに増大した。

風水害

七月九日午後、暴風雨があり、内裏の樹木や諸門および羅城門などが倒れた。

東西両京の人家がたくさん破損した。その被害は甚大であった。さらに、十五日夜、大雨が降り、京中は大河のようになり、多数の家屋が流失した。その上、十一月二十二日、また内裏が焼けた。実に災害の多い年であった。しかし、佐理の身には何事も無かったようである。

天元四年佐理三十八歳

正四位上

天元四年、佐理は三十八歳になった。

四年前の貞元二年、佐理が正四位下になったことは『公卿補任』に見えているが、その後正四位上になったことは見えていない。しかし、天元になって、確かに正四位上に昇叙されたらしい。そして、この年十月四日、さらに従三位に叙せられることになった。しかし、子の頼房に譲り、頼房が従五位下に叙せられた。

頼房従五位下になる

この時、大納言為光は正二位に昇叙されることになったが、やはりその子誠信《さねのぶ》に譲り、従五位上誠信が正五位下に昇叙された。このように、位を譲ることは、当時は少なくなかった。

佐理が従五位下に叙せられたのは十八歳の時であった。おそらく、頼房も十八歳ぐらいで従五位下になったことと思う。もし、そうとすると、頼房は、佐理が二十歳のころ、康保元年のころに生まれたことになる。

天元五年佐理三十九歳大饗に早退する

天元五年、佐理は三十九歳になった。

この年正月の大饗《たいきょう》に佐理は早退した（『恩命帖』）。この年正月の大饗は二日の東宮大饗と九日の皇太后宮大饗とである。佐理が早退したのは東宮大饗か皇太后宮大饗かわからないが、二日の東宮大饗ではないかと考えられる。そして、この月の十日過ぎに、早退した失礼をわびる消息を書いたのが『恩命帖』である。

梅壺の酒宴

正月三日、参議佐理は、右大臣兼家・大納言兼按察《あぜち》使為光（佐理の妹の夫）・権大納言兼左近衛大将朝光などとともに参内し、女御詮子（兼家の女）の梅壺《うめつぼ》の上の直廬《じきろ》で酒宴が催された。

射遺の矢

当時蔵人頭であった藤原実資《さねすけ》（佐理のいとこ）の日記『小右記』の正月十七日の条に、十

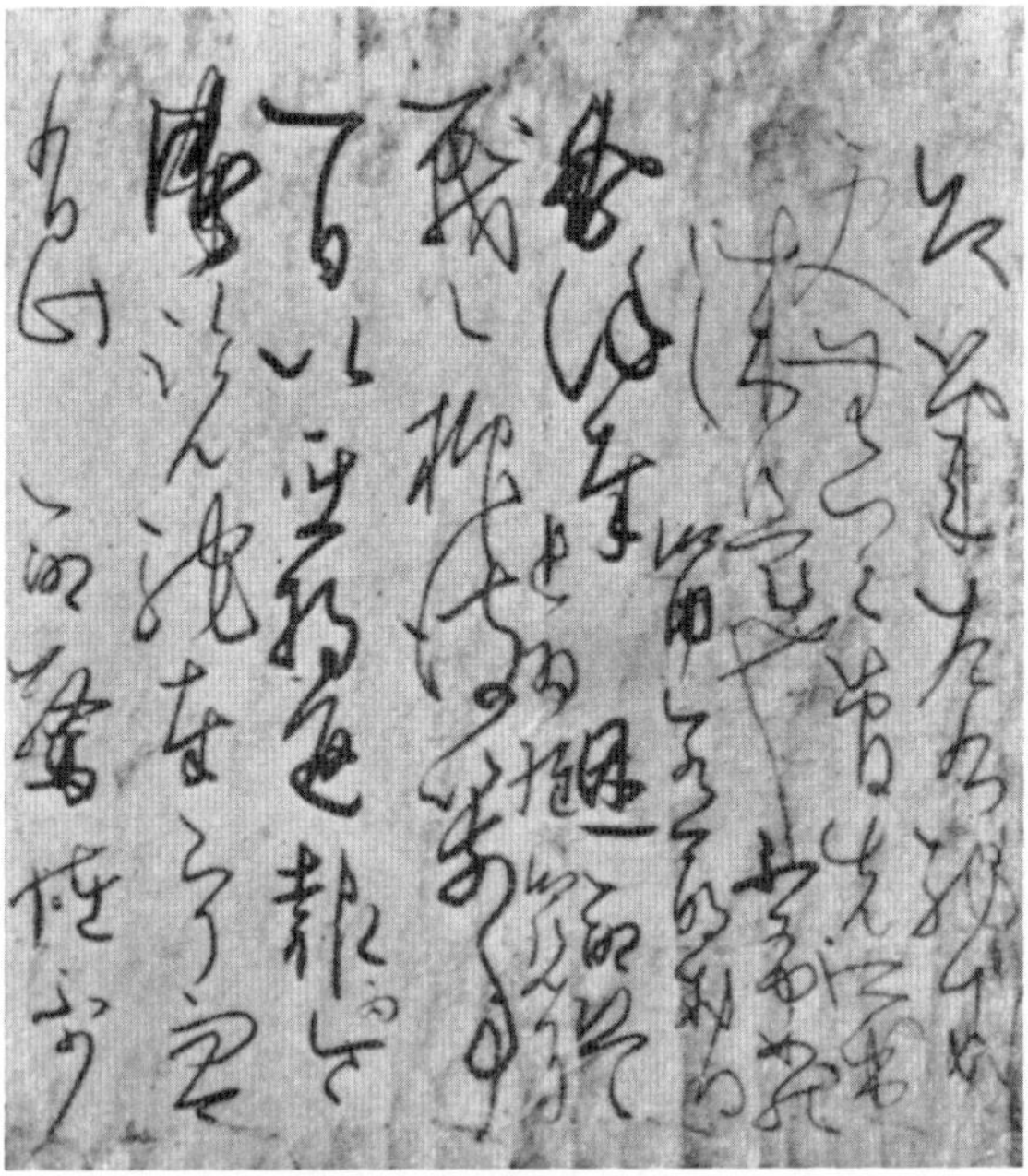

『恩　命　帖』

召《し》レ筆《を》左右馳求《にはせむるに》、更
無《し》二一二管《も》一。先《ず》所《は》二
出来《る》一是也。不レ有《ら》二
如《き》レ然《の》之御用一。若《し》今
明《に》求得《ば》。追将《ってする》レ経《へんと》二
御覧《を》一耳《のみ》。

(佐理)謹奉《みてうけ》二恩命《を》一。恐々
戦々《たり》。抑《も》彼箭《のの》事。一日
以《って》二亜将(相)《の》返報《を》一為《に》レ令《しめんが》二
御覧《ぜ》一馳奉《せることすでに》已了《んぬ》。而《しかるに》
今有《あり》二此命《の》一、驚怪不《る》二少
計《なら》一也。弊文落失《する》歟。
只今召問《して》可《く》レ蒙《る》二処分《を》一、

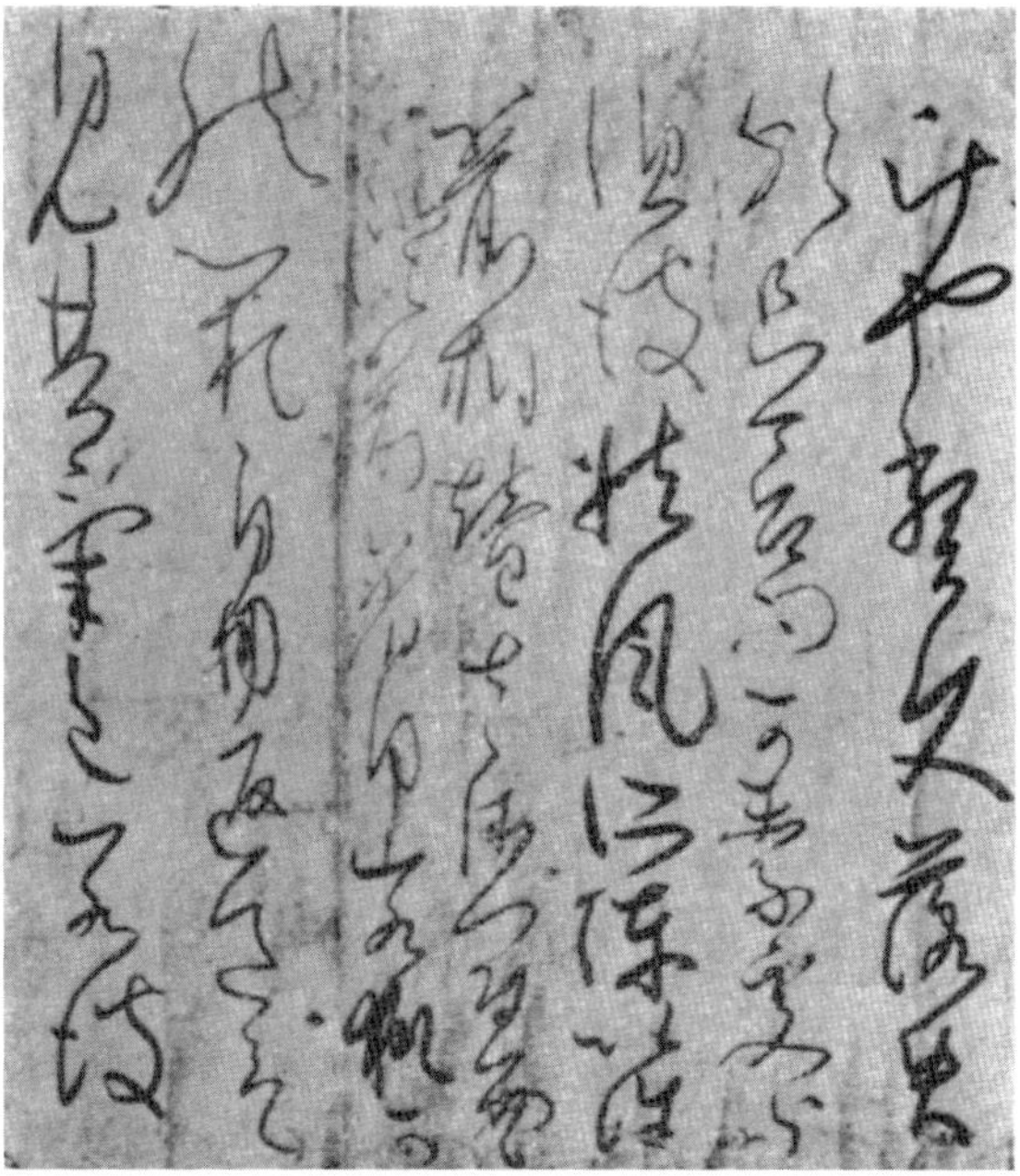

須《まち》ニ彼《の》緒風所《を》レ陳《る》。以《もって》ニ
件《の》箭《を》一相ニ替《え》左衛門尉兼
澄《の》著用《するにもしくは》一。若猶可《し》レ然《る》。
闕《かき》ニ自用《を》一返送《して》欲《す》レ見《んと》ニ
其《の》気色《を》一。若《もしくは》彼《の》親重朝
臣《の》箭《に》侍《る》歟。将《する》レ称《せんと》ニ難
渋之由《を》一歟。承《うけ》ニ重命《を》一
将《する》ニ進返《せんと》一之由執《しっし》申《す》也。
返々参《り》申《し》侍《らん》。若《し》遂《に》無《くば》ニ
他《の》箭一重《ねて》案内耳《せん》。恐々
謹《しみて》状《す》。

即刻愚奴(佐理)

『恩命帖』の矢

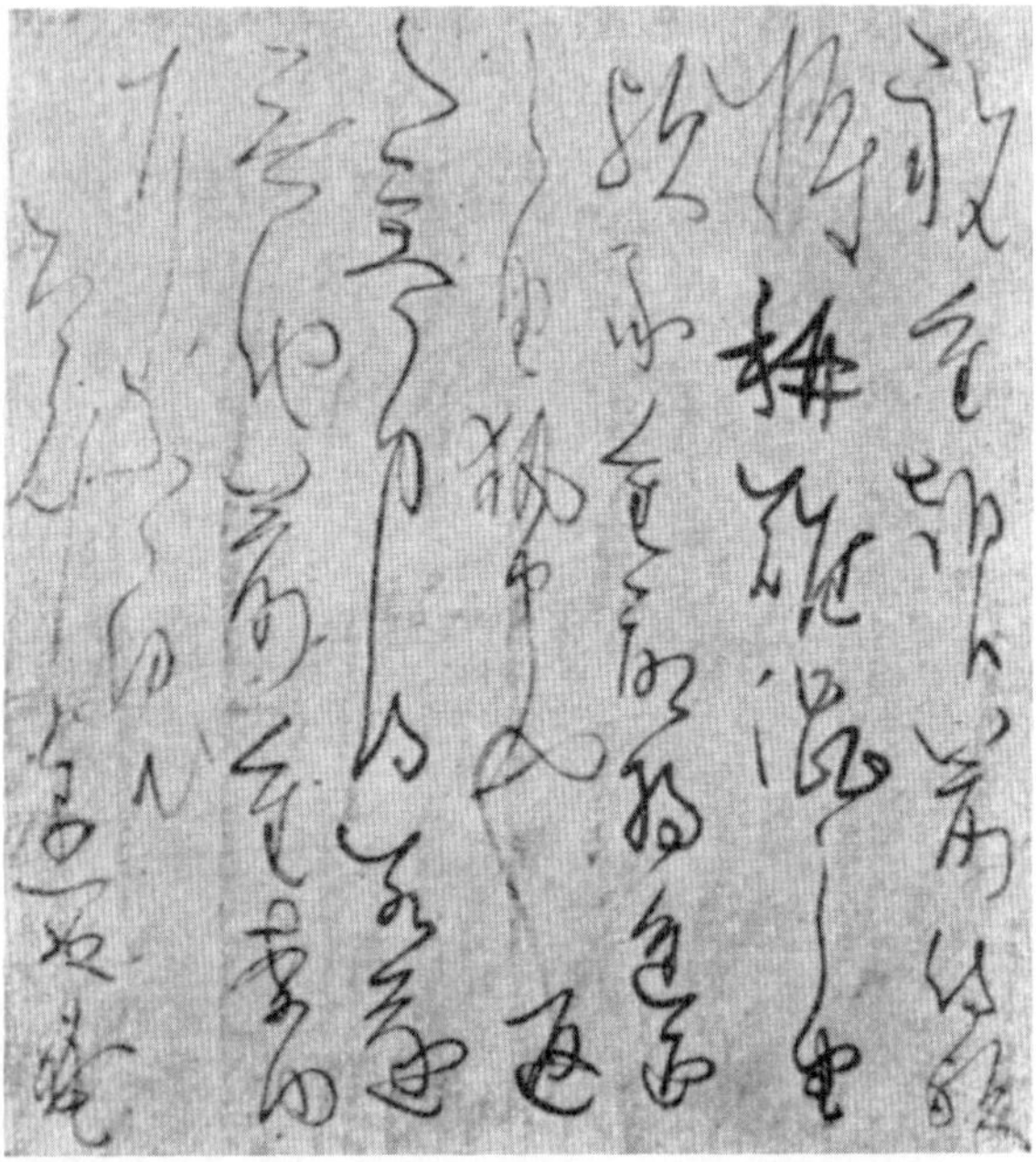

七日射礼《じゃらい》が行われ、十八日の射遺《いのこし》（十七日の射礼の式に不参した四衛府の官人に十八日建礼門で射を行わせたこと）の料の矢を参議に召すべき由を奏せられたということが記されている。この参議は誰かわからない（当時参議は五人いた。）。しかし、この月の十日過ぎに書いた『恩命帖』に、佐理はある高貴の方から矢を召されたことを書いているから、この参議は

佐理ではないかと考えられる。さらに『小右記』の正月十八日の条に、十八日参議佐理は召しによって参入し、「射□所」に着すべきよしを仰せられたと記されているから、十七日の条の参議は佐理であることが確実になる。『恩命帖』には日付が無いので、いつ書かれたものかわからないが、『小右記』の記載によって考えると、この年の正月十日過ぎに書いたものであることがわかる。それは充所《あてどころ》がわからないが、関白頼忠にあてたものではないかと考えられる。

伊予権守

正月三十日、佐理は伊予《いよ》権守を兼ねた。そして、この年四月二日に書いた消息『国申文帖《くにもうしぶみじょう》』には「伊与《いよ》権守」と自署している。

女御入内の供奉を怠る

二月十七日、関白頼忠の女である女御遵子が入内した。その時、佐理は供奉《ぐぶ》を怠った。そして、その失礼をわびる消息が四月二日付けの『国申文帖』である。

参議実資は、正暦元年十一月二十日の神嘗祭《しんじょうさい》に不参したため、同月二十六日、勘事《こうじ》に処せられた（『小右記』）。また、寛治六年四月十七日、中宮の行啓に奉仕しなかった番長《ばんちょう》（衛府の舎人の長）は、院の仰せによって、召しこめに処せられた。女御入内に供奉しなかった佐理は、当然譴責を受けなければならない。そのため『国申文帖』を書いたのである。

性格の変化

正月の大饗に早退するとか、女御入内の供奉を怠るとか、当時の佐理は、かなりわがままになり、放縦《ほうしょう》になっていたらしい。祖父実頼の生存中は、佐理はよい環境に置かれていたので、すなおに、実直に勤仕していたのであろうが、実頼の没後（佐理二十七歳以後）は、逆境に置かれたため、不満がつのるとともに放縦になり、わがままになったのではないかと考えられる。

弾正忠近光を拘禁する

二月十八日、弾正忠《だんじょうのちゅう》近光が佐理の家に拘禁された。弾正忠は弾正台（内外の非違を糺弾し、風俗を粛正することをつかさどる役所。）の第三等官である。近光がどうして佐理の家に拘禁されたのか、その理由はわからない。ともかく、十八日から二十三日まで六日間拘禁されていた。その間、近光方から佐理に両三度消息を出したが、返事も無かった。そこで、

実資の批判

近光方では、二十三日、事の由を関白頼忠に上申した。そして、頼忠が佐理に消息をつかわすと、関白でありおじである頼忠の消息を見て、佐理は驚いてさっそく参入し、近光を放免することを約束したらしい。その日、近光は放免された。佐理が近光を拘禁したことを、実資は『小右記』に、もっとも奇とすべきことであるといい、また、法官(弾正忠)を拘禁することは古往今来聞いたことが無いと記している。

どんな理由が有ったにせよ、弾正忠を自邸に拘禁することは、許されることではない。それゆえ、佐理は理非をわきまえない人であり、非常識な人であったのではないかと考えられる。そして、行成のような穏和で常識に富んだ人ではなかったことが明らかである。

『国中文帖』

四月二日『国中文帖』(『女車帖』)を書いた。その中に、佐理は伊予権守として伊予国(愛媛県)の文書を処置することを怠ったことを書いている。放縦でわがままな佐

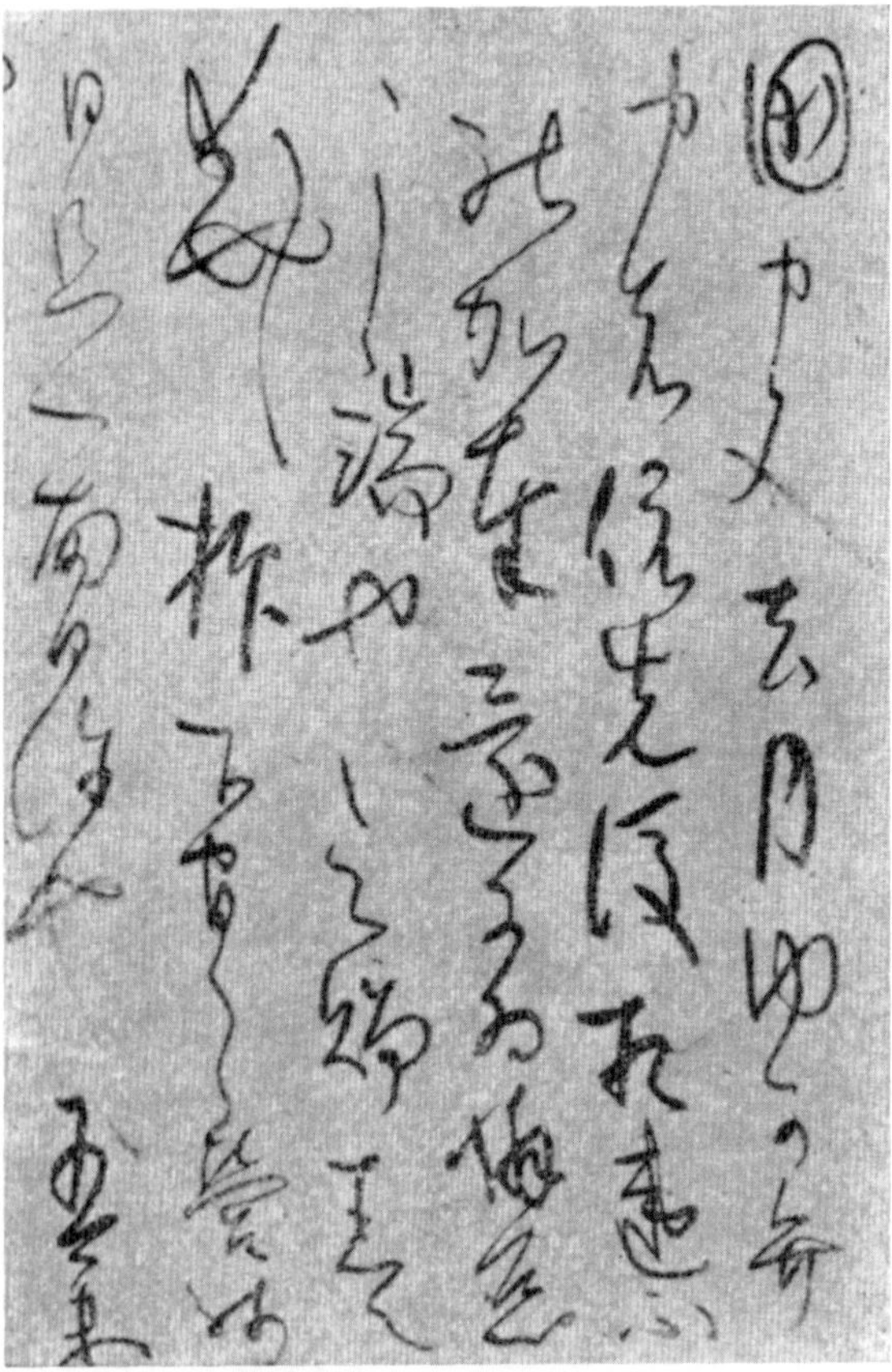

『国申文帖』(部分)

理は、万事怠慢であった。『国申文帖』の充所に「丹波守御□□」とあるのは、関白頼忠の家司《けいし》であった丹波守藤原為雅に、頼忠へ伝達を依頼したのである。

国の申文。去月の内に可し二弁じ
申一す者。依二りて先後の相違一に。
不レ能わ加うることレ奉を。還りて可きレ為二る
懈《け》怠《たい》之端《はじめ》一也。令めばレ賜わレ奏を
幸也。々々。抑も下官
之営《いとなみ》。残日且《しばらく》一両日
許《ばかり》也。于レ今未だレる（補二綴せ
一事を一之際。）（以下略）

『池亭記』

このころ、群盗が横行し、世の中は依然穏かでなかった。その上、八月二十日、談天門（内裏の西の門）が倒れ、十一月十七日、また内裏が焼けた。当時の京都の状態は慶滋保胤《よししげのやすたね》（―長徳三、―九九七）の『池亭記』（天元五年作）にかなりくわしく記されている。

佐理の精勤

佐理は、わがままで、放縦で、非常識で、怠慢であるといっても、いつもいつもそうであったのではない。この年五月七日、中宮遵子が内裏に還御された時も、六月十六日の中宮の御読経の結願にも、佐理は参入している（『小右記』）。時には怠慢

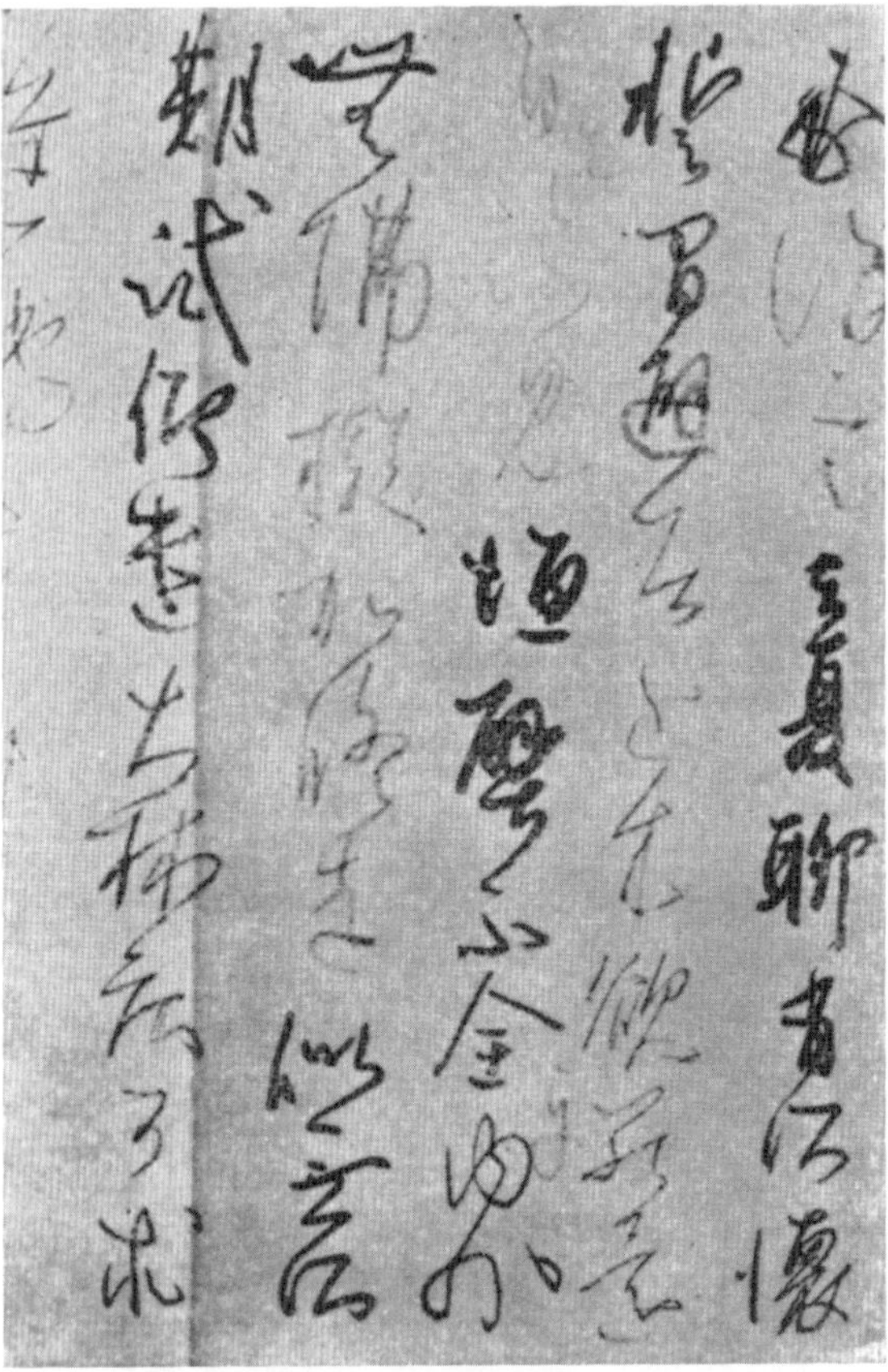

『去 夏 帖』(部 分)

であったという程度ではないかと思う。

永観元年佐理四十歳

天元六年四月十五日に改元されて、永観元年（九八三）になった。佐理はちょうど四十歳になった。

勘解由長官

正月二十七日、参議佐理は、伊予権守を兼ねていた上に、さらに勘解由《かげゆ》長官を兼ねた（『小右記』には佐理を勘解由長官といっている）。

円融寺落慶供養願文

三月二十二日、新造の円融寺の落慶供養が行われた。その時の願文は参議大江斉光《なりみつ》が草し、佐理が清書した。円融寺は円融天皇の御願寺である。佐理の書跡を愛好された円融天皇は、佐理が書いた願文に御満足であったことと思われる。

『去夏帖』

『去夏帖《きょかじょう》』はいつ書いたものかよくわからない。しかし、差出所に「愚老（佐理）」

（佐理）謹《みて》言《す》。去夏聊《いささか》有《り》レ所レ懐《おもう》。暫《しばらくの》間避居《し》。近来欲《し》二罷《まかり》還《らんと》一自《おのずから》先《ず》臨見《するに》、垣《たん》壁《ぺき》不レ全《まったから》、内外無《し》レ隔《へだて》。擬《ぎするに》レ加《えんと》二修造《を》一似《たり》レ無《きに》レ所レ期《する》。試《みに》仰《せ》下遣《すに》大林庄《に》可《き》レ求《め》二進《ず》榑《くれ》二千材許《ばかりを》一之由《を》上。外土之下人、為《し》レ宗《と》二労時《を》一不レ応《ぜ》二此《の》旨《に》一。為《し》レ之《を》如何。）（以下略）

と自署しているので、佐理が四十歳（初老）の時、すなわちこの年に書いたものではないかと考えられる。『去夏帖』の充所も「丹波守殿」になっている。

永観二年佐理四十一歳

永観二年、佐理は四十一歳になった。

美作守

正月二十九日、除目が行われ、参議佐理は美作《みまさか》守を兼ねた。勘解由長官・伊予権守の兼官はもとのままである。

内裏の額を書く従三位

八月九日、内裏が造営された。そして、造営に功の有った者は叙位された。例によって、佐理は、宮門及び殿舎の額を書いた功により、従三位に昇叙された。貞元二年に正四位下になったのも、やはり内裏の額を書いた功によってであったし、また、天禄元年に従四位下になったのも、大嘗会の屏風の色紙《しきし》形《がた》を書いた功によってであった。すなわち、佐理はすぐれた手書きであったから重んぜられたのである。もし、手書きでなかったなら、位階の昇進はもう少し遅れたことと考えられる。

手書きの功

花山天皇

八月二十七日、円融天皇は花山天皇に譲位された。この年花山天皇はまだ十七歳であったから、太政大臣頼忠が引き続いて関白の職に任ぜられた。しかし、頼忠は天皇と外戚の関係が無い。また、右大臣兼家も外戚の関係が無い。花山天皇は伊尹《これただ》の女懐子の腹に生まれたので、伊尹の子義懐《よしかね》は天皇の外叔父として政務にあずかり、官位は従二位権中納言であったが、関白以上の権勢が有った。頼忠は、最高の地位にあったが、実権は持っていなかった。そして、実権は権中納言義懐が握っていた。

佐理の不遇

佐理はやはり権力の座から遠く離れたところにいた。そして、いつまでもうだつが上がらなかった。当時藤原氏はもっとも栄えていたが、同じ藤原氏の氏人の中にも、日のあたるところにいた人と、日のあたらないところにいた人とがあった。佐理はいつも日のあたらないところにばかりいた人である。たいていの人が佐理と同じようであった。いつも日のあたるところにいた人は少数の限られた人たちである。

永観三年四月二十七日に改元されて、寛和元年（九八五）になった。佐理は四十二歳になった。

寛和元年佐理四十二歳

二月十三日は子《ね》の日である。この日、円融上皇は、嵯峨野で子の日の遊びを行われた。左右大臣以下の公卿はみんな供奉した。参議佐理もやはり供奉した。その時、歌人が上皇の御前に召された。召された歌人は、平兼盛・紀時文・清原元《もと》輔《すけ》・源重之《しげゆき》・曽根好忠・中原重節などである。しかし、公卿は、お召しが無いと言って、曽根好忠と中原重節の両人は追い立てられた。この時、左大将朝光・左衛門督重光・権中納言保光（行成の外祖父）・参議佐理・頭中将（蔵人頭、近衛中将）実資などはけまりをした。けまりは当時の貴族階級の男子のスポーツとしてたいていの人が興じたものである。当時の貴族階級の男子は、馬に乗ることができたし（この日、公卿は乗馬で供奉した。）、また、弓を射ることもできた。すなわち、戸外で元気に活動することができたの

嵯峨野の子の日の遊び

けまり

である。そして、まだ柔弱になってしまってはいなかった。佐理も人なみにけまりをすることができた。そして、非常に元気であったから、『離洛帖《りらくじょう》』のような筆力が強くて筆勢の鋭い消息を書くことができたのである。

曾根好忠

曾根好忠は歌人としてすぐれているばかりでなく、当時の歌人の中では異彩《いさい》を放っている。好忠は丹後掾《じょう》（正八位相当官）であったから、「曾丹《そたん》」（「曾根丹後掾」の略）といわれ、いやしめられていた。家格も低く、官位も低かったので、公卿・殿上人にはいやしめられていたが、歌人としては第一流の人である。そして、好忠の歌は『拾遺集』以下の勅撰集に八十九首も選入されている。しかし、当時はほとんど尊重されなかった。

異常な好忠

『小右記』によれば、好忠も歌人として召されていた。しかるに、追い立てられたのは、いやしめられ、きらわれていたからである。追い立てられた時、好忠は、ここに召されている歌人に比べて、好忠は決して劣らないと言ったということである。好忠は歌人としてはすぐれていたが、世人には認められなかった。家柄や官位が低かったからではなく、その歌風が俗調とは異なっていたからである。好忠は、歌人としての天分が豊かであり、実感を卒直に、自由に表現した。それゆえ、好忠の歌は純粋であり、清新である。実感を卒直に表現するため、時には俗語も用い、また、破格も意に止めなかった。そのため、世人に認められなかったのである。そして、常に不満であったし、また、淋しさとあせりとが有った。それが人々にきらわれる原因ともなった。

佐理と好忠

歌人としての好忠は、手書きとしての佐理によく似ている。俗調にあきたらず、自由に、大胆に個性を表現した点は、両者全く同じである。しかし、人間としてはすぐれていても、それだけでは世間にいれられなかったのである。

堀河院の御遊に召される

二月二十一日、佐理は堀河院の御遊に召された。しかし、佐理などが管絃を奏したのではなく、「管絃者」（楽人）が召された。

円融上皇に精勤

五月十九日、佐理は、円融上皇の仁和寺（円融寺は仁和寺の近くにある。）御幸に供奉し、競馬を見た。佐理のいとこの遵子（頼忠の女）は円融上皇の女御であった。そのような関係からか、佐理は円融上皇にはよく仕えていた。

佐理の精勤

十一月二十一日、叙位入眼《じゅげん》が行われた。この時参集した参議は右近衛中将義懐と勘解由長官佐理のふたりだけであった（『小右記』）。佐理も時にはよくつとめていたらしい。そして、いつもいつも怠慢であったのではない。

大嘗会の屛風の色紙形を書く

同日、大嘗会が行われた。佐理はまた屛風の色紙形の筆者に選ばれた。当時、佐理のほかには、大嘗会の屛風の色紙形を書く大役をつとめることができるほどの手書きはいない。

『往生要集』

この年、源信《げんしん》（恵心僧都）が『往生要集』を著した。『往生要集』によって、浄土教はますますさかんになった。当時の不安な世相は、現世の享楽を追求することができた貴族階級にも欣求《ごんぐ》浄土《じょうど》の思想を普及させた。

寛和二年佐理四十三歳

小白河の法華八講

寛和二年、佐理は四十三歳になった。

六月十八日から二十一日まで四日間、権大納言兼右近衛大将藤原済時は、小白河の家で法華八講（『法華経』八巻を、朝座・夕座に一巻ずつ、四日間に読誦・供養する法会）を行った。二十日は第五巻の日に当っていたので、諸卿以下参向し、捧物《ほうもつ》を施した。遅く行くと、車を立てるところもなくなるといって、夜が明けると、多くの人々が参集した。そして、車のながえの上にながえを重ねるほど、すき間も無いくらい、車が立ち並んだ。当日見えなかったのは左大臣雅信と右大臣兼家とだけで（大臣は軽々しく外出することができなかった。）、そのほかの公卿はみんな参集したということである。非常に暑い日で、たえがたいほどであり、池に咲いているはすの花を見ると、やっと涼しい気持ちがするというほどであった（『枕草子』）。その時、やはりそこへ行っていた清少納言は、参集した人々のようすをかなりくわしく『枕草子』に書いている。そして、佐理については、

清少納言が見た佐理

佐理の宰相（参議）などもみな若やぎだちて、すべて尊きことのかぎりもあらず、

をかしき見ものなり。

佐理の人となり

と書いている。佐理は、四十三歳にもなって、若い人と同じように、少々はめをはずしていたらしい。参議という重々しい地位にある人のようには見えなかったらしい。佐理以外の人もみんな若やいでいたようである。元来法華八講といえば、涙を流してありがたがる人が多いのに、尊さも消えて、おもしろい見物であったというのであるから、貴族階級としての慎しみも無く、ふざけていたのかもしれない。佐理は人前をつくろわない人であり、本心をいつわり飾ることができない人であったらしい。いわゆる人のいい人であったと思われる。善良で正直な人であったに違いない。

花山天皇の悲嘆

前年七月十八日、女御（弘徽殿の女御）藤原忯子がなくなられた。忯子は大納言為光（佐理の妹の夫）の女で（佐理のめい）、花山天皇の愛情は特別深かった。それゆえ、天皇は忯子の死をこの上なく悲しまれ、いつまでも恋い慕われていた。当時天皇はまだ十八歳であった。天皇が忯子を恋い慕われたのも当然のことである。

兼家の陰謀

兼家は、兼通および頼忠にさまたげられて、なかなか関白になることができなかった。そして、長い間冷飯をくわされていたので、権勢欲がいっそうつのっていた。この年、兼家の女詮子の腹に生まれた懐仁親王(後の一条天皇)は、すでに七歳になっていた。そこで、兼家は、花山天皇を早く退位させて、懐仁親王を早く即位させ、天皇の外祖父として関白になりたいと考えていた。ちょうど花山天皇は女御忯子の死を嘆き悲しんでおられたので、次男道兼に策を授けて、花山天皇に、この世は夢まぼろしの如くであり、皇位もよしないものであると申し上げさせ、天皇に遁世の志をおこさせ、道兼が御出家の御供をするといつわり、この年六月二十二日夜、天皇とともに内裏を出て、花山院に入り、天皇が落飾されると、変わらぬ姿を一度父に見せると言って、逃げて帰った。

花山天皇の出家入道

一条天皇

花山天皇が内裏を出られると、懐仁親王がただちに践祚された。すなわち一条天皇である。頼忠は一条天皇と外戚の関係が無いので、関白をやめた。また、権中納言義懐は出家入道した。そこで、兼家が天皇の外祖父として摂政の職につき、権勢をほしいままにするようになった。

兼家摂政になる

『小右記』などによると、佐理は、関白頼忠には接近し、いろいろな交渉が有ったが、摂政兼家にはあまり接近しなかったから、交渉がほとんど無かったようである。頼忠は佐理と同じ小野宮流であり、かつ、頼忠・佐理はおじ・おいの関係である。それにひきかえ、兼家は九条流の人で、家が違う。そのため、佐理と兼家とは関係が薄かったらしい。ともかく、摂政兼家の時代になって、佐理はますます不遇になったようである。

佐理と兼家

この年正月二十八日、参議為輔(佐理の妻の父)は権中納言に昇進し、同時に大宰権帥を兼ねた。しかるに、八月二十七日、六十七歳でなくなった。為輔は佐理のためにどれほど役立ったかということは少しもわからない。為輔と佐理との交渉さえ全

為輔死亡

くわからない。それゆえ、為輔の死が佐理にどのような影響を与えたかわからない。しかし、おそらく、たいした影響を与えなかったと考えられる。

大嘗会の屏風の色紙形を書く

十一月十五日、大嘗会が行われた。今度も佐理が屏風の色紙形を書いた。佐理が大嘗会の屏風の色紙形を書いたのは、これが三度目である。すなわち、円融・花山・一条の三天皇三代の間、佐理は第一の手書きと認められていたのである。

永延元年佐理四十四歳

寛和三年四月五日に改元されて、永延元年（九八七）になった。佐理は四十四歳になった。

佐理の精勤

二月七日、中宮遵子は中宮大夫実資の三条第から四条宮へ還御された。その時、佐理も供奉した。遵子は前関白頼忠（佐理のおじ）の女であるから、佐理はよく仕えたらしい。

兼明親王

九月二十六日、兼明親王が七十四歳でなくなられた。親王は詩文に長じていたばかりでなく、また、書芸にも長じていた。しかし、親王という高貴の身分であ

永延二年佐理四十五歳

美作守

入宋僧奝然

佐理の書跡を宋の皇帝に献上する

中国人に誇示した道風の書跡

り、かつ、左大臣という重職についていたから、清書の役をつとめるようなことは無かった。それゆえ、もっぱら佐理が用いられたのである。

永延二年、佐理は四十五歳になった。

正月二十九日、参議兼勘解由長官佐理は、再び美作守を兼ねた（四年前の永観二年に美作守を兼ねた。）。

天元五年（九八二）に入宋《にっそう》して永延元年（九八七）に帰朝した東大寺の僧奝然《ちょうねん》は、在宋中に受けた宋の皇帝（太宗）の厚恩を謝すべく、この年二月八日、弟子嘉因を入宋させて、皇帝にいろいろな物を奉った。その中に「参議正四位上藤佐理手書二巻」が有ったことは、奝然の表の中に見えている（『宋史』巻百九十一）。

延長四年（九二六）興福寺の僧寛建が入唐《にっとう》する時、菅原道真・紀長谷雄《はせお》・橘広相《ひろみ》・都良香《みやこのよしか》の四人の詩四巻と小野道風の行書一巻・草書一巻とを携行して、中国人に示し、中国に流布せしめられた。これは当時のすぐれた文芸作品と書跡とを中国人に示し、日本文化が優秀であることを中国に誇るためであったと思われる。長保五年（一〇〇三）

中国人に称揚された日本人の書跡

中国人が日本人の書跡を称揚する理由

に入宋した僧寂照は、日本では手書きといわれていない。しかし、当時の中国人は、寂照の書跡を非常にほめていた。また、入宋中の寂照にあてて送った野人若《じゃく》愚《ぐ》（何人か不明）・藤原道長・源従英（何人か不明）の消息（藤原道長の消息は藤原行成の代筆と考えられる。）を中国人は非常にほめた。そして、中国人でも及ぶ者は少ないとさえ言ったということである。それゆえ、道風の書跡が中国人にほめられたことはいうまでもない。中国人が日本の書跡をほめるのは、平明にして温雅な和様をほめるのである。中国には見られない、日本独得の書風をほめるのである。中国では古くから王羲《ぎ》之《し》の書跡をもっとも尊重していたが、和様は王羲之風であるから、中国人は和様をほめるのである。そこで、佐理の和様の書跡を中国人に誇示することになったのである。道風は、書名が中国にまで伝えられたことを誇りとしていたが、佐理の書名も中国にまで伝えられた。

宋の皇帝に献上された佐理の書跡

奝然が宋の皇帝に奉った佐理の書跡は、佐理が正四位上であった時に書いたものである。すなわち、貞元二年(佐理三十四歳)以後、永観二年(佐理四十一歳)以前に書いたものである。また、佐理は正四位上に叙せられたことがわかる。

強盗の張本藤原保輔

この年六月十六日、強盗の張本藤原保輔《やすすけ》が捕えられた。保輔は従四位下右馬権頭致忠《むねただ》の子であり、保輔も正五位下右馬助であった。その保輔が強盗の張本になったのである。当時強盗がいかに天下を横行していたかと

王羲之の書『喪乱帖』(部分)

いうことは、これによっても明らかである。

永祚元年佐理四十六歳

永延三年八月八日に改元されて、永祚元年（九八九）になった。佐理は四十六歳になった。

尾張守藤原元命

この年二月五日、尾張国（愛知県）の百姓が尾張守藤原元命の非法非行を訴えた。当時の国司はたいてい貪欲で、搾取できるだけ搾取した。しかし、元命ほど貪欲な者はまれである。当時貪欲で搾取をこととしていた国司が少なくなかったのは綱紀が全く乱れていたからであり、綱紀が乱れたのは為政者（貴族階級）が政治を捨てて顧みず、ただ享楽と権力の争奪とに専心していたからである。

頼忠死亡

六月二十六日、太政大臣（前関白）頼忠が六十六歳でなくなった。頼忠の子公任はもちろん、頼忠のおいに当る佐理・懐平・実資などは触穢《しょくえ》になった（『小右記』）。

頼忠の葬送

翌二十七日、頼忠の遺骸は法住寺北辺の帝釈寺《たいしゃくじ》へ移された。その時、佐理や実資は衣冠にわらぐつをはいて、送って行った。途中で、佐理は歩いて行くことができなくなったので、車に乗って行った。当時の佐理は元気が無かったようである。実資などは夜帰ったが、佐理は帝釈寺に残っていた（『小右記』）。

八月十一日、法性寺の東北院で頼忠の七々忌の法事が行われた（『小右記』）。佐理はもちろん参向した。おじの頼忠に対して、佐理は、生前も死後もかなり尽くしたらしい。

暴風雨

八月十三日、酉《とり》の時（午後五時）から子《ね》の終り（午前一時）まで大風が吹き、雨がはげしく降った。そのため、万人ことごとく失神したということである（『小右記』）。多少の誇張は有るにしても、ともかく、非常に激烈であったことがわかる。そして、死者もたくさんあったらしい。『日本紀略』には、「死亡損害、天下大災、古今無比」と見えている。しかし、佐理は平穏無事に暮していたようである。

実頼の遺産分配

九月十日、三条殿（頼忠の家）で、佐理と実資とが会い、実頼（頼忠の父、佐理・実資の曽祖父）の庄園や牧などの遺産を分配することになった。しかし、かつて家司《けいし》（親王・摂関・大臣、そのほか、三位以上の人の家務をつかさどった人）であった人はたいていなくなっており、生き残っている人は、あるいは病気であったり、あるいは都を離れていたりして、その日は決めることができなかった。また、十二日は佐理が行かなかったので、やはり決めることができなかった。

佐理の財産

そして、十月六日、やっと処分を決定することができた（『小右記』）。これによって考えると、佐理の父敦敏に当然与えられる実頼の遺産を、佐理が得たようである。実頼の遺産は莫大であった。その大部分は、実頼のあとを継いだ実資に与えられた。佐理が得たのはその中の僅かであったであろうが、それにしてもかなりであったことと考えられる。それゆえ、佐理の生活は豊かであったに違いないと思われる。

殿上の御遊

十月十日、殿上で御遊が行われた。佐理も召された。その時、一条天皇は笛を吹かれたが、非常にじょうずであったので、その座にいた上下の人々は涙を流して感嘆したということである（『小右記』）。

勘解由長官を辞す

十一月十八日、佐理は参議で勘解由長官を兼ねていたが、兼官をやめた。

大原野祭の上卿

十一月二十三日、大原野祭が行われた。祭の上卿《しょうけい》は参議佐理がつとめることになった。その日、摂政兼家の乗尻《のりじり》（競馬の時の騎手）左兵衛少尉出雲滋之《しげゆき》と三善孝道とが盃酒のことで喧嘩を始め、左衛門少尉上毛野《かみつけぬ》忠時が制止しようとして、孝道を抑留したところ、両人の郎従が忠時を射て殺した。その時、滋之は矢にあたった。また、検非違使《けびいし》藤原惟風が濫行《らんぎょう》を糺弾しようとして、看督長《かどのおさ》（検非違使の属官、罪人の追捕をつかさどる。）をつかわしたところ、看督長も同じように射られた。

祭事中止

この騒ぎで祭を行うことができなかった。これはやむを得ない事故であったとはいえ、佐理の処置もよろしきを得ていなかったのではないかと考えられる。佐理は臨機応変の処置がとれるような気のきいた人ではなかったらしい。また、周到な用意に欠けていた人ではなかったかと考えられる。

播磨権守

ともかく、この事件は佐理自身のふしまつではなかったからか、同月二十八日、佐理は播磨権守を兼ねた。大原野祭の事件に関して、上卿としての佐理は責任を問われなかったようである。

兼家の家の仏名会

十二月十五日、摂政兼家の家で仏名会《ぶつみょうえ》（十二月九日から三日間、三世の諸仏の仏名をとなえて、年内の罪障を懺悔し、消滅させる法会）が行われた。その時、公卿はたいてい兼家の家に参集した。そして、佐理もその中にいた。しかし、平素は、佐理は兼家にほとんど接近しなかった。佐理と兼家とは疎遠であった。

兼家太政大臣になる

十二月二十日、摂政兼家は太政大臣になった。兼家は地位も高くなり、権勢も強大になった。そして、兼家の一家がもっとも栄えた。

正暦元年佐理四十七歳

永祚二年十一月七日に改元されて、正暦元年（九九〇）になった。当時の年号はたいてい三－四年あるいは二年しか続かなかったが、永延は僅か一年余りしか続かなかった。佐理は四十七歳になった。

兼家の栄華

摂政太政大臣兼家の権勢はますます強大になり、一家はいよいよ栄えた。すなわち、兼家の子道隆は正二位内大臣兼左近衛大将になり、道兼は正二位権大納言になり、道長は正三位権中納言であった。さらに、この年正月二十五日、内大臣道隆の女定子（兼家の孫）は入内し、二月十一日、女御になり、十月五日、中宮になった。

兵部卿

正月二十九日、参議兼播磨権守佐理は、さらに兵部卿を兼ねた。佐理にとっては、参議兼兵部卿の時代がいちばんよかったのではないかと考えられる。少なくとも、官職だけについていえば、当時がいちばんよかったはずである。

兼家出家入道

道隆関白になる

道隆の栄華

佐理の官位昇進停滞

五月五日、摂政兼家は関白になった。かねてから病気であったので、同月八日、出家入道し、関白の職は子の内大臣道隆に譲った。続いて、同月二十六日、関白道隆は摂政になった。道隆は女御定子の父である。これより後、道隆の一家が栄えたことはいうまでもない。しかし、佐理はいつまでもうだつが上がらない。天元元年に参議になって以来、すでに十二年を経過したが、中納言になることができない。

兼家死亡

七月二日、病気であった兼家は、六十二歳でなくなった。

立后の式に遅参

十月五日、女御定子が中宮になった。この日、大納言重信・権大納言兼左近衛大将済時・参議兼兵部卿佐理・参議兼大蔵卿時光などは、立后の式に遅参した。佐理ばかりでなく、遅参する人は、ほかにもたくさんいた。

大原野祭の上卿

十一月十三日の大原野祭に、ことしも佐理が上卿《しょうけい》を命ぜられた。しかし、佐理は当日忌日に当ると言ってことわった。先年の失敗に懲りたからではないかと考えられる。

八　大宰大弐

正暦二年佐理四十八歳

正暦二年（九九一）佐理は四十八歳になった。

大宰大弐

この年正月二十七日、佐理は、参議並びに兵部卿を辞し、その代りに大宰大弐

大宰府

「大君の遠のみかど」

貴族階級の京都に対する愛著

に任ぜられた。大宰大弐は大宰府の次官である。しかし、長官の帥《そち》あるいは権帥《ごんのそち》は常置の官ではない。そして、大弐がいると、帥あるいは権帥は欠員である。それゆえ、大弐は事実上の長官である。かつ、大宰府は九国（筑前・筑後・肥前・肥後・豊前・豊後・日向・大隅・薩摩）・二島（壱岐・対馬）を管轄し、さらに、中国・朝鮮との外交・貿易をつかさどるのであるから、大宰大弐は地方官のうちでは特別最高の重職である。京都では、いつまでたっても、うだつがあがらないので、牛後《ぎゅうご》となるよりも、鶏口《けいこう》となることを望んで、佐理は参議並びに兵部卿を辞し、大宰大弐になることを望んだのではないかと考えられる。

大宰府は「大君《おおぎみ》の遠《とお》のみかど」といわれていた。その政庁の規模はずいぶん大きくて、壮麗であった。近くには観世音寺があった。人家もかなりあったことと思われる。しかし、当時都市といえるのは京都だけであった。そして、大宰府も淋しいいなかであった。それゆえ、当時の貴族階級は、京都には絶ちがたい愛著を持っていたので、京都を離れて地方へ行くことを、この上なくきらっていた。菅原道真が、大宰権帥に左遷された当時（延喜元―延喜三 九〇一―九〇三）は、壮麗な都督府の姿を見ることができたが、天慶四年（九四一）藤原純友の一党が大宰府を焼いて以来、都督府はついに再建されることなく、大宰府はさびれていた。

　地方官は、地方へ下ることをきらい、地方へ下ると、都をしきりに懐しがり、早く帰りたがっていた。筑前守になり、九州にいた山上憶良（斉明天皇六―天平五、六六〇―七三三）は、

大宰府都府楼遺址

『万葉集』（巻五）に、

あまざかるひなにいつとせすまひつつ都のてぶり忘らえにけり
かくのみやいきづきをらむあらたまの消えゆく年の限り知らずて
あがぬしのみたまたまひて春さらば奈良の都にめさげたまはね

という歌を残している。いなかの生活を嘆き、都へ帰りたがっていたことがよくわかる。

大宰府赴任をしぶる

仁和三年（八八七）藤原保則《やすのり》は大宰大弐に任ぜられた。しかし、病気と言って、なかなか赴任しなかった。朝廷よりしばしば慰諭されて、やっと赴任したということである（『藤原保則伝』）。九州へ行くことは、気がすすまなかったらしい。

大宰府赴任を悲しむ

治安元年（一〇二一）中納言源経房（高明の子）は大宰権帥に任ぜられた。しかし、経房は、九州へ下ることを非常に嘆き悲しみ、心細く思い、また、くやしく思い、実に涙ぐましいほどであったということである（『栄華物語』もとのしづく）。当時は、貴族階級が柔弱になり、政治を担当する能力と資格とを失っていたことが明らかである。

国司競望

大宰大弐競望

　このように、たいていの人は地方官をきらっていたが、中には地方官になることを望む者も少なくなかった。当時、国司の収入は非常によかった。その上、いろいろな手段を用いて搾取することもできた。それゆえ、国司を四年つとめると、莫大な富を蓄えることができた。大宰大弐や大宰権帥の収入が特別よかったことはいうまでもない。そのため、国司を競望《けいもう》したように大宰大弐や大宰権帥を競望する者がたくさんいた。

隆家自ら望んで大宰権帥となる

　長和三年(一〇一四)大宰大弐が辞表を提出した。すると、大宰大弐を望む人は、われもわれもとはげしい就職運動をした。しかし、中納言隆家(道隆の子、道長のおい)の希望が、左大臣道長によってかなえられ、隆家が大宰権帥を兼ねた(『栄華物語』玉の村菊)。当時隆家は眼病をわずらっていたので、唐人に治療させるため、九州へ下ることを望んでいたようである。

行成自ら望んで大宰権帥となる

寛仁三年(一〇一九)中納言隆家が大宰権帥をやめると、権中納言行成が大宰権帥を兼ねた。これまた行成が望んだのである。行成は、道長の子長家を聟に迎えることになった。道長の子を聟に迎えると、特別大切にしなければならない。そうするにはずいぶん金がかかる。それゆえ、収入がもっとたくさんなければならない。そこで、大宰権帥になることを望んだのである。当時は道長の子頼通が摂政であった。しかし、天下のことはすべて道長の思いのままになっていた。道長の権勢はもっとも強大であった。行成は道長のためにはずいぶん尽くしたが、そのおかげで、道長の愛顧を得ていた。それゆえ、大宰大弐を望む者はたくさんいたが、行成の希望はただちにかなえられた。そして、行成が大宰権帥になると、九州へ赴任もしないのに、九州からいろいろな物資をたくさん運んで来た。そのため、行成は聟の長家をはなやかにもてなすことができたのである(『栄華物語』本のしずく)。

大宰大弐を望む理由

魅力が有った大宰大弐

隆家や行成は大宰権帥を兼ねたのであり、本官の中納言あるいは権中納言はもとのままであった。しかし、大江匡房（長久二―天永二、一〇四一―一一一一）は、権中納言を辞して、大宰権帥になった。また、藤原実政は、応徳元年（一〇八四）六十六歳の老齢であったが、参議を辞して、大宰大弐になった。大宰大弐は魅力に富む職であったことが想像される。佐理のような人は、ほかにも少なくなかったことがわかる。

赴任を遅らせる

　行成は、大宰権帥になっても、長い間九州へ下らなかった。当時、行成の女は病気であったので、行成は都を離れがたかったようである。しかし、いつまでも赴任しないわけにはいかないので、ついに辞任した。佐理は、正月二十七日に大宰大弐に任ぜられたが、やはりしばらくの間都にいた。そして、三月十八日、僧

五時講の願文を書く

仁康（源融の子）が、源融《とおる》の河原院を寺として、五時講を修した時、佐理は大江匡衡《まさひら》作の願文を清書した（『続古事談』第四）。また、寺の額も佐理が書いたということである（『霊山額本字』）。

皇后宮権大夫を兼ねる

　四月二十六日、佐理は皇后宮権大夫を兼ねた。このころまで、佐理は都にいた

ようである。

赴任のあいさつを怠る

寛治二年（一〇八八）八月二十九日、藤原伊房（行成の孫）は大宰権帥になった。翌三年三月二十一日、九州へ赴任する際、内大臣師通の家へ「罷申《まかりもうし》」に行った。佐理は、九州へ下る時、摂政道隆のところへ必ずあいさつに行くべきであった。しかし、忘れたのか、どうしたのか、佐理は行かなかった（『離洛帖』）。佐理のだらしのない性格は、いつまでもなおらなかったようである。

朝光の餞別

佐理が九州へ下る時、大納言朝光は「直衣装束一具」を贈った。その畳紙《たとうがみ》に、

まだ近きほどをも絶えぬこひなればおくらすべくも思ほえぬかな

という歌を書いてやったということである（『閑院左大将朝光卿集』）。

九州下向

佐理が京都を出発したのはいつのことかよくわからない。しかし、多分四月の末か五月の初めかであったと思われる。そして、五月十六日、長門国（山口県）の赤

海路

間の泊《とまり》（下関市）に着いた。陸路（山陽道）をとったのか、海路（瀬戸内海）をとったのか、わか

らないが、当時はたいてい海路であったようであるし、また、帰路は海路であったから（菅原道真も海路であった。）、おそらく海路であったと思われる。

『離洛帖』

赤間の泊に数日滞在し、十九日に『離洛帖』（口絵）を書いた。それは参議兼東宮権大夫藤原誠信《さねのぶ》にあてた消息である。誠信は右大臣為光の子であり、母は佐理の妹である、すなわち、誠信は佐理のおいである。それゆえ、摂政道隆に赴任のあいさつをしなかった失礼をわびることを依頼したのである。

大宰府到着

その後、五月の末か六月の初めかに大宰府に到着したらしい。そのことは『離洛帖』の本文によって想像できる。当時、京都から大宰府へ下るのに、陸路は十四日、海路は三十日を要した。佐理は一月かかってやっと大宰府に着いたようである。

佐理は、長徳元年（九九五）十月二十五日、都へ召還された。それまで四年余り、都を遠く離れた九州にいた。

正暦三年佐理四十九歳正三位赴任の賞

正暦三年、佐理は四十九歳になった。三月十四日、佐理は正三位に昇叙された。遠い九州へ赴任したのを賞されて、位一階を進められたのである。従二位隆家は、長和三年十一月某日、大宰権帥を兼ね、翌四年四月二十二日、九州へ赴任するについて、正二位に昇叙された。『公卿補任』に「赴任之日、有二此賞一」と見えている。また、正三位実政は、応徳元年六月二十三日、大宰大弐に任ぜられ、九州へ赴任したので、翌二年十二月十六日、追賞として従二位に昇叙された（『公卿補任』）。佐理が正三位に昇叙されたのは、赴任を追賞されたのである。

一条天皇の仰せにより手本を書いて献上する

この年、行成はまだ二十歳であった。そして、当時道風につぐ手書きとして尊重されていたのは佐理である。円融天皇は佐理の書跡をずいぶん愛好されていたが、一条天皇もやはり佐理の書跡を愛好された。また、当時の都には手書きというほどの人がいなかったので、佐理を九州へ下らせたことを、一条天皇は後悔されたということである。そして、天皇は、佐理に手本を書かせるため、九州までわざわざ使者をつかわされた。その時、源重之は、佐理の依頼によって、手本に書く歌を選んだ。当時、重之は佐理のもとにいた。そして、重之がよんだ歌は、

松が枝《え》に住みて年ふる白鶴の恋しきものはくもゐなりけり
春はもえ秋はこがるるかまど山煙絶えぬやもみぢなるらむ
都へといきの松原いきかへり君が千とせにあはむとぞ思ふ
いくよにか数へつくさむ箱崎の松の千とせもひとつならねば
見よや君しかの島へといそげどもかのこまだらに波ぞ立ちける
秋来ればば恋するしかの島人もおのが妻をや思ひ出づらむ
染川の岸に寄せ来る白波は聞くにもたがふ色にぞありける
筑紫へとくやしくなににいそぎけむ数ならぬ身のうさやかはれる
名を頼む近の島へと漕ぎ来れどけふも舟路にくれぬべきかな

手本に書いた歌

白雲のかかれる嶺と見えつるは近の島にはあらぬなるべし
むらさめの濡るる衣のあやなきになほみの島の名をやからまし
雨雲の下にのみ住むわれなれば思ふことなき時もぬれけり

という歌や、

年ごとに枝さし松の葉をしげみ君をぞ頼むつゆなもらしそ

という歌などである（『源重之集』）。

手本の箱

これらの歌を書いて、それを箱に入れて、一条天皇に奉った。その箱は葦手《あしで》をぬいものにしたということである（『源重之集』）。

大宰大弐の館の庚申の夜の歌

いつのことかわからないが、佐理が大宰大弐であった時、八月七日ごろの庚申《こうしん》の夜（佐理の大宰大弐在任中、八月七日が庚申であった日は無い。）重之は、

琴の音にひきつらなれる初雁《はつかり》のおのがこゑごゑ珍しきかな

という歌をよんだ。

佐理の草名を有する大宰府符

正暦三年九月二十日、正三位皇后宮権大夫兼大宰大弐藤原佐理は、筑前国司に命じて、検田使が秋月庄に入勘《にゅうかん》するのを制止させた。その時の大宰府の符が『石清水文書』(二ノ四七九)の中にある。それには佐理の草名《そうみょう》があり、その草名は佐理の消息の草名に似ている。

佐理の位署と草名　(『石清水文書』)

京都の大雨出水

この年六月一日、京都では雷鳴がとどろき、大雨が降り、東西両京は出水に悩んだ。翌日もまた雷鳴がとどろき、大雨が降り、再び出水した。

正暦四年佐理五十歳道隆関白になる

皇后宮権大夫を辞す

京都では咳病・疱瘡流行

正暦五年佐理五十一歳

佐理にとって最悪の年

正暦四年、佐理はちょうど五十歳になった。四月二十二日、摂政道隆は関白になった。道隆の子伊周《これちか》はまだ二十歳であるが、正三位権大納言になっていた。官位の昇進が急速であったことは、人々を驚かせた。

この年、佐理は皇后宮権大夫をやめた。九州にいると、その任をはたすことができないからである。

この年夏、京都では咳病《がいびょう》が流行した。また、秋には疱瘡《ほうそう》が流行した。九州にいた佐理は、平穏無事な日を送っていた。

正暦五年、佐理は五十一歳になった。

今まで五十年間、ともかく無事に過ごして来た佐理が、この年大きな不幸にみまわれた。そして、その後はずっと失意の日が続いた。正暦五年は、佐理にとっては、最悪の年であったといわなければならない。

内裏の盗難火災

この年は不穏な年であった。二月十日、内裏に賊がはいり、後涼殿《こうりょうでん》に放火した。続いて、同月十七日、何者かが弘徽殿《こきでん》・飛香舎《ひぎょうしゃ》に二度も放火した。

疫病流行

夏になると、疫病が流行した。四月、京都の道路には、捨てられた病人がずいぶんたくさんいたということである。読経や大祓がたびたび行われたが、もちろん、効果は少しも無い。

流言

五月、ある人が、左京三条南油小路の西の井戸の水を飲むと病気にかからないと言うと、伝え聞いた京中の人々は、われもわれもとその井戸の水を汲みに行った。六月十六日、公卿以下庶民に至るまで門戸を閉じて外出せず、往還する者が絶えた。流言が乱れ飛び、人々は不安に恐れおののいていた。

疫病の被害

疫病は秋になってもやまなかった。そして、四月から七月までの間に、京都の住民は過半数死んだということである。もちろん、かなりの誇張が有るに違いない。しかし、ともかく、ずいぶんたくさん死亡者が有ったことと思われる。五位以上の死亡者は六十七人もいたということである（『日本紀略』）。この数字は正確なの

大風

宇佐八幡宮神人と闘乱

宇 佐 八 幡 宮

ではないかと思う。疫病がいかにはなはだしかったかが想像できる。

その上、七月二十日、午前三時から九時まで大風が吹き、家屋の破損したものがずいぶんたくさん有った。不幸の上に不幸が重なった。まことに不吉な年であった。佐理にとってもまた不吉な年であった。

すなわち、この年、佐理は宇佐八幡宮（大分県）の神人《じんにん》（神社に奉仕する下級の役人）と闘乱した。そして、佐理は宇佐八幡宮によって朝廷に訴えられた。そこで、十月二十三日、朝廷では議定《ぎじょう》が行われた。

佐理はどうして宇佐八幡宮の神人と闘乱したか、その理由はわからない。また、佐理自身が神人と直接闘乱したのか、あるいは大宰府の官人と神人とが闘乱したのか、よくわからない。しかし、おそらく、大宰府の官人と神人とが闘乱したのであり、佐理は大宰府の最高の責任者として責任を問われたことと思われる。

藤原実政が宇佐八幡宮に訴えられた例

大宰大弐が宇佐八幡宮に訴えられた例は、藤原実政の場合が有る。すなわち、寛治元年(一〇八七)大宰大弐実政が宇佐八幡宮の神輿を射たという事件である。おそらく、実政自身が射たのではなく、大宰府の官人が射たのであろうと思われる。しかし、実政の命令で射たか、そうでなくても、実政の部下が射たのであるから、実政が責任を問われたのである。そして、宇佐八幡宮は実政を白河上皇に訴えた。非はどちらにあったかわからないが、神輿に矢があたったことは事実であり、そのため、寛治二年、実政は大宰大弐をやめさせられ、その上、伊豆国(静岡県)へ流された。また、目代《もくだい》源時綱は安房国《あわ》(千葉県)へ流され、他の官人八人は土佐国(高知県)へ流された。すなわち、大宰府の首脳部がことごとく処罰されたし、その処分は実に苛酷であった。

社寺の横暴

実政がどうして神輿を射たのか、その理由はわからない。しかし、延暦寺の悪僧がかつぎ出した神輿を武士が射た事件などによって考えると、宇佐八幡宮の神人が神輿をかつぎ出し、神威を笠に着て横暴をしようとした際、これを防ぐ大宰府の官人が、誤って神輿を射たのではないかと考えられる。そして、非は神人の側にあったことと思われる。しかし、社寺と争った場合は、非は社寺の側に有っても、社寺の方が勝訴し、社寺と争った者が敗訴している。

佐理と宇佐八幡宮神人との闘乱の原因

佐理と宇佐八幡宮の神人との闘乱も、多分実政の場合と同じようなのではなかったかと思われる。あるいは、不輸不入《ふゆふにゅう》(租税を免除され、官使の立ち入りを禁止されていること)と称する宇佐八幡宮の神領に対して、大宰府が租税や課役を厳重に督促したので、佐理(大宰府の官人)と宇佐八幡宮との対立抗争がはげしくなり、ついに大宰府の官人と宇佐八幡宮の神人とが衝突して、闘乱したのではないかとも考えられる。

大宰権帥実成と安楽寺との闘乱

長元九年(一〇三六)三月の曲水《ごくすい》の宴の時、大宰府で、中納言兼大宰権帥実成と安楽寺(大宰府にある天満宮の廟地)とが闘乱した。そして、安楽寺は実成を訴えた。その結果、長暦二年(一〇三八)二月十九日、実成はことさらに人を殺したという罪によって正二位を除名され、また、実成の郎従であった源致親《むねちか》は安楽寺の雑物を強盗したという罪によって配流《はいる》に処せられた(『百錬抄』)。

伊勢大神宮神人と国司清邦

社寺が国司を訴えた例は少なくない。永延元年(九八七)九月七日、伊勢大神宮の神人数十人がさかきをささげ持ち、陽明門に至り、国司清邦を訴えた。

石清水八幡宮別宮神人と但馬守則理

長暦元年(一〇三七)閏《うるう》四月八日、石清水八幡宮別宮の神人と但馬《たじま》守則理《のりまさ》とが闘乱した事件について議せられ、五月二十日、則理を土佐国(高知県)に、刑部大輔相奉《すけとも》を伊豆国(静岡県)に、その他の五人を佐渡国(新潟県)・隠岐《おき》国(島根県)・安房国(千葉県)・常陸《ひたち》国（茨城県）へ配流した。

興福寺と大和守源頼親

永承五年（一〇五〇）正月二十五日、大和守源頼親は興福寺に訴えられて、土佐国へ配流された。

社寺に訴えられた者の不運

社寺に訴えられると、理非にかかわらず、非常に重い刑に処せられていた。大庄園領主になっていた社寺は、神仏の威光を笠に着て、ずいぶん横暴を極めていた。佐理が宇佐八幡宮に訴えられたことは、佐理にとっては、この上も無い不運であった。佐理はまことに気の毒な人であった。

藤原義行と佐理

佐理が宇佐八幡宮に訴えられたことと前大蔵丞《じょう》藤原義行と何か関係が有るようである。ともかく大宰大弐在任中、佐理と義行とは事を争ったことが有ったようである。それについて、『本朝文粋《もんずい》』（巻六）所収の長徳三年（九九七）正月二十一日付けの「請《フ》レ被《セラレンコトヲ》下殊《ニ》蒙《リテ》二天恩《ヲ》一、因二准《シ》先例《ニ》一、拝中任安房・能登《のと》・淡路《あわじ》等《ノ》国司《ノ》闕《ニ》上状」（大江以言作）に、義行は、劇務の官にあったため病気になり、温泉療養をするため、西

佐理の非法非行

海の温泉（宇佐八幡宮に近い別府温泉であろうかと思われる。）へ行っていた。当時、鎮府（大宰府）の都督（大宰大弐佐理）はいろいろ非法非行をしていた。そして、義行は無実の罪におとし入れられた。義行には、無実の罪であることを訴えることもできなかったが、正暦五年十月、群卿の議定の結果、都督（佐理）にあやまちが有り、義行にはおこたりが無かったことが、

佐理の虐残狂欲

衆議によって一決したといっている。また、義行は、都督（佐理）は乳虎《にゅうこ》（子に哺乳する牝虎、性もっとも狂暴といわれている。）よりも虐残《ぎゃくざん》であり、貪鳥《どんちょう》よりも狂欲であるといっている。もちろん、誇張であるが、ともかく、口を極めて佐理を悪く言っている。佐理の側にも、多少の非法非行が有ったに違いない。佐理と義行との関係はよくわからないが、両者の間には利害得失の争いが有ったに違いないと思われる。そして、義行は佐理に対して恨みを持っていたようである。佐理は弾正忠近光を自邸に拘禁した人であるが、義行の言うような虐残狂欲の人ではない。佐理と義行との争いには、義

義行の非違

行の側にも確かに非違《ひい》が有ったことが明らかである。すなわち、後に義行が下野《しもつけ》

守を望んだ時、九州のある事件によって、その望みが達せられなかったのは、義行にも過失が有ったことを想像させる。

事件の真相調査

佐理が宇佐八幡宮に訴えられた事件に関しても、佐理の側に多少の過失が有ったかもしれないが、宇佐八幡宮の側にも過失が有ったに違いない。むしろ、事件の原因は宇佐八幡宮の横暴にあるのではないかとも考えられる。

大宰府使

ともかく、事件の真相が明らかにされなければならない。そこで、十一月三日、事実を調査するため、大宰府へつかわされる大宰府使が決定された。すなわち、左大史多国・左衛門少尉忠親・左京属《さかん》尾張行親等が大宰府使を命ぜられた。

大宰府使の改定

しかるに、同月七日、これらの人たちをやめて、左衛門権佐惟宗《これむね》允亮《まさすけ》を大宰府使に任命した。

惟宗允亮

多国・忠親・行親などはいずれも卑官である。惟宗氏は明法道を伝え、代々明法博士に任ぜられた。允亮も明法博士になった人である。すなわち、允亮は法律に明るい人であり、かつ、官位も少し高い人である。そのため、大宰府使になったのである。

東三条南院の障子の色紙形を書く

『大鏡』（巻之三）に、関白道隆が東三条殿を造営し、障子に歌絵を描かせ、その色紙形を佐理に書かせたということが見えている。

色紙形を書いた時日についての疑問

『百錬抄』に、正暦五年十一月十六日、関白道隆が東三条南院に移ったと見えており、去年（正暦四年三月二十八日）炎上の後、造営されたと注記されている。そして、佐理が関白道隆の依頼によって障子の色紙形を書いたのを正暦五年十一月のこととしている。しかし、このころ、佐理は大宰大弐として九州にいたはずである。官吏が一時任地を離れて、京都へ帰ることも有るが、当時は大宰府使が下向するというような時であるから、佐理は確かに九州にいたに違いない。それゆえ、それはほかの場合のまちがいではないかと考えられる。しかし、佐理が障子の色紙形を書いたことは事実であろうと思われる。

懈怠の失錯

『大鏡』（巻之三）によれば、佐理は、朝早く東三条南院へ行って、人々が参集する以前、静かな時に障子の色紙形を書けばよいのに、関白道隆も見えるし、上達部《かんだちめ》・殿上人など、しかるべき人々が参集してから、日が高くなって、やっと姿を現わし、障子の色紙形を書いたので、せっかくみごとに書いたが、興ざめになったし、佐理はふしまつのため恥をかいたということである。そして『大鏡』（巻之三）には「懈怠《けたい》の失錯」であったといっている。佐理は、放縦《ほうしょう》で、非常識で、怠慢であったから、このような失策をしたのである。それゆえ『大鏡』（巻之三）は、佐理を評して、

如泥人

　御心ばへぞ懈怠し、すこしは如泥人《にょでいにん》とも聞えつべくおはせし。

といっている。「如泥人」というのは「だらしのない人」である。そして、思慮の乏しい人である。決して賢明な人ではない。しかし、佐理は善良な人であった。

長徳元年佐理五十二歳

　正暦六年二月二十二日に改元されて、長徳元年（九九五）になった。佐理は五十二歳になった。

道隆死亡

この年四月三日、病気のため、道隆は関白をやめた。そして、同月十日、ついに四十三歳でなくなった。

道兼関白になる

道隆に代って四月二十七日、右大臣道兼（道隆の弟）が関白に任ぜられたが、五月八日、三十五歳でなくなった。この時、内大臣伊周《これちか》（道隆の子）は関白を望んだが、まだ二十二歳であり、その器《うつわ》でもなかったので、一条天皇は許されなかった。しかるに、

道長内覧の宣旨を蒙る

権大納言兼左近衛大将道長は、東三条院（兼家の女詮子、一条天皇の御母）の力添えによって、内覧の宣旨を蒙った。それ以後、道長の権勢は急速に強大になった。道長は、六月十九日、内大臣伊周を越えて右大臣に任ぜられ、翌二十日、引き続いて左近衛大将を

道長・伊周権力を争う

兼ねた。伊周は道長と権力を争うたが、道長の勝利は決定的になった。伊周は詩文には長じていたが、政治家の器ではない。それにひきかえ、道長は剛毅にして大度であり、政治家としてはすぐれていた。そして、これより後、道長の一家がひとり栄えるようになったのである。

疫病流行

しかし、この年も不吉な年であった。四月から五月にかけて、疫病が流行し、七月になってやっとおさまった。そして、死亡した人は、納言以上八人、四位七人、五位五十四人、六位以下および僧侶は数えきれないほどであるが、下人で死亡した者はほとんどなかったようである(『日本紀略』)。すなわち、この年春および夏になくなった公卿は、関白道隆・関白道兼・左大臣重信・大納言朝光・大納言済時・大納言道頼・中納言保光・中納言伊陟《これたか》の八人であり、権中納言以上の公卿十六人のうちの半数が死亡した。

九州にいた佐理の身は無事であったが、この年ついに大宰大弐をやめさせられたので、佐理にとっても、この年は実に不幸な年であった。

大宰府使の下向

前年十一月七日、惟宗允亮が大宰府使に任命された。その後、いつ大宰府に下向したかわからない。しかし、おそらく、長徳元年になって下向したのではないかと考えられる。大宰府使が下向した時、佐理は、病気を理由にして、大宰府使

佐理の対捍

に会わなかった。これは朝廷に対する対捍《たいかん》（抵抗すること）と認められた。そして、この年九月二十八日、佐理の対捍について議定が行われた（『権記』）。その時、法家（惟宗允亮か）は、大宰府使に対捍したのであるから除名すべきであると言ったが、公卿は、病気を理由に大宰府使に会わなかったのであるから、対捍ではなく、法家の勘申は根拠が無い、重ねて使者をつかわすべきであると言った（『日本世紀』）。その後、どうなったかわからない。

大宰大弐罷免

しかし、十月十八日、佐理はついに大宰大弐をやめさせられた。社寺と争う者は必ず敗訴にきまっている。その上、配流に処せられる。佐理は免職だけであったから、まだよい方である。

佐理の人となり

　大宰府使に対して、佐理は一言も弁明をしなかった。正三位、前参議、兵部卿、大宰大弐という地位・身分とそれにともなう自尊心とが大宰府使に会わせなかったのであろうかと考えられる。かつては弾正忠を自邸に拘禁したことの有る佐理である。非違もあえてしたほどの佐理であるから、黒を白と言ってでも争うこと

不可解な佐理の態度

ができたはずと思われる。しかるに、一身の浮沈に関する重大事であるにかかわらず、佐理が一言の弁明もしなかったということは、全く不可解といわなければならない。おそらく、佐理にも多少の非が有ったことと思われる。それにしても、実にだらしのない人であり、どこか欠けたところが有る人のようである。しかし、それであるから、一面ではいい人であり、正直な人であったと思われるのである。

京都召還

十月十八日、職を免ぜられた佐理は、同月二十五日、都へ召還された。都へ帰ることは非常にうれしいことであるが、佐理の心は暗かったに違いない。

三島明神の額を書く

佐理は、大宰府から京都へ帰る時は、海路を通った（下向の際も海路であったと考えられる。）。その途中、伊予国（愛媛県）の三島明神（愛媛県越智郡大三島町宮浦に鎮座する大山祇神社。大三島は瀬戸内海航路の要衝に当っている。）の依頼によって、神社の額を書いたということである。

佐理の乗船の難航

『大鏡』（巻之三）によれば、佐理が上京する時、乗船が伊予国の海にさしかかると、天気が悪くなり、波が荒れ、風がはげしく吹き、少し静まるのを待って船を出そ

三島明神の神託

額の揮毫を所望

大三島神社

うとすると、また同じように荒れた。このようにして数日過ぎた。これはきっと神のたたりであろうと言う人もいたが、神のたたりを受けるわけも無い。どうしたことかと心配していた時、ある夜、佐理の夢にみえた非常に気品の高い男が、このごろ天候が悪くて、佐理が数日ここにいるのは、自分がしていることである、それは、どの神社にも額がかかっているのに、自分のところには無いのが残念であるから、懸けようと思うが、なみなみの人に書かせるのはよくないから、佐理に書かせようと思うので、この時でなくては、書いてもらうことができないから、ここにとめているのであると言う。そこで、佐理は、あなたは誰ですかと尋ねると、この浦の三島（大三島）にいる翁《おきな》であると言ったので、夢のうちにもかしこまり、夢からさめても黙っていた。さて、伊予国へ渡るに、今まで毎日荒れていた海とも思えないように、穏かになり、三島明神の方へ追風が吹いて、佐理の乗船は飛ぶように走って行った。島に上がって、佐理はたびたび潔斎して、緋《ひ》の装束を着け、神前で額を書いた。それから、神官に額を打たせた。その後は恐しいことは全くなくなり、すべての船が無事に上ることができた。佐理は三島明神の依頼によって額を書いたというので、佐理の書跡は神も愛好されるという評判がたち、そのため「日本第一の御手」という名誉を得たということである。

海路の静穏

額を書く

「日本第一の御手」の名誉

　佐理は、大宰大弐になって、終りを全うすることができなかった。それは不幸であった。しかし「日本第一の御手」という名誉を得たことは、手書きとしては幸福といわなければならない。

三島明神が佐理に額を書かせたということは信ぜられない。しかし、三島明神の神官が、特に佐理に懇請して額を書いてもらったということは考えられる。多分そんなことであろうと思われる。

九　晩　年

長徳二年佐理五十四歳

失意の年

長徳二年（九九六）佐理は五十四歳になった。

この年は、佐理にとっては、暗い年であり、失意の年であった。佐理の後半生はだいたい暗かったが、晩年はもっともよくなかった。

伊周・隆家の左遷

この年正月十六日、伊周・隆家兄弟が花山法皇に矢を射た。伊周と道長とは常に対立し、抗争していたが、この事件によって、内大臣伊周は大宰権帥に左遷され、権中納言隆家は出雲権守に左遷された。

道長の栄達

それに反して、七月二十日、右大臣道長は左大臣になり、権勢はますます強大になり、一家は大いに栄えた。

風水害

穀物の値段が高くなる

しかし、閏七月十日、鴨川が出水し、続いて、同月二十一日、大風が吹き、大小の屋舎が倒れ、被害がはなはだしかった。その上、京都にはたびたび失火が有ったし、また、穀物の値段が非常に高くなった。貴族階級は栄えていたが、庶民階級の困窮はいつまでも続いた。

長徳三年佐理五十四歳

長徳三年、佐理は五十四歳になった。

この年正月・二月にも、京都にはたびたび失火が有った。しかし、佐理の身にはようやくまた春が来たようである。

朝参を許される

太皇太后宮権大夫

『日本紀略』の長徳三年四月五日の条に「太皇太后宮権大夫藤原佐理、所《さる》レ許二朝参ヲ一」と見えている。一本には「可レ許二朝参一」とある。この時佐理は朝参を許され、太皇太后宮権大夫に任ぜられたようである。太皇太后宮権大夫佐理が朝参を許されたと解することはできない。佐理は、大宰大弐をやめさせられてからは散位であった。もし、この時以前に太皇太后宮権大夫に任ぜられていたとすれば、この時以前に朝参を許されていたはずであり、この時朝参を許されるということは無いはずである。

幸運に向く

ともかく、佐理が朝臣として返り咲くことができたことは、佐理にとっては、この上なくうれしいことであったに違いない。

四月五日、伊周・隆家の兄弟もその罪を許された。

長徳四年（九九八）佐理は五十五歳になった。

正月二十三日から二十五日

長徳四年佐理五十五歳

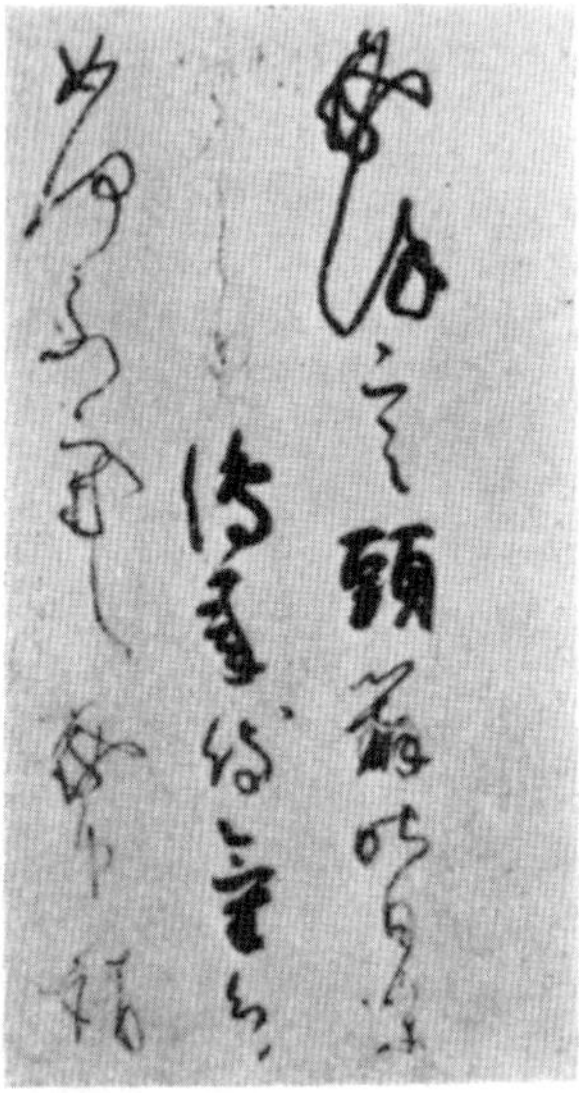

帖』

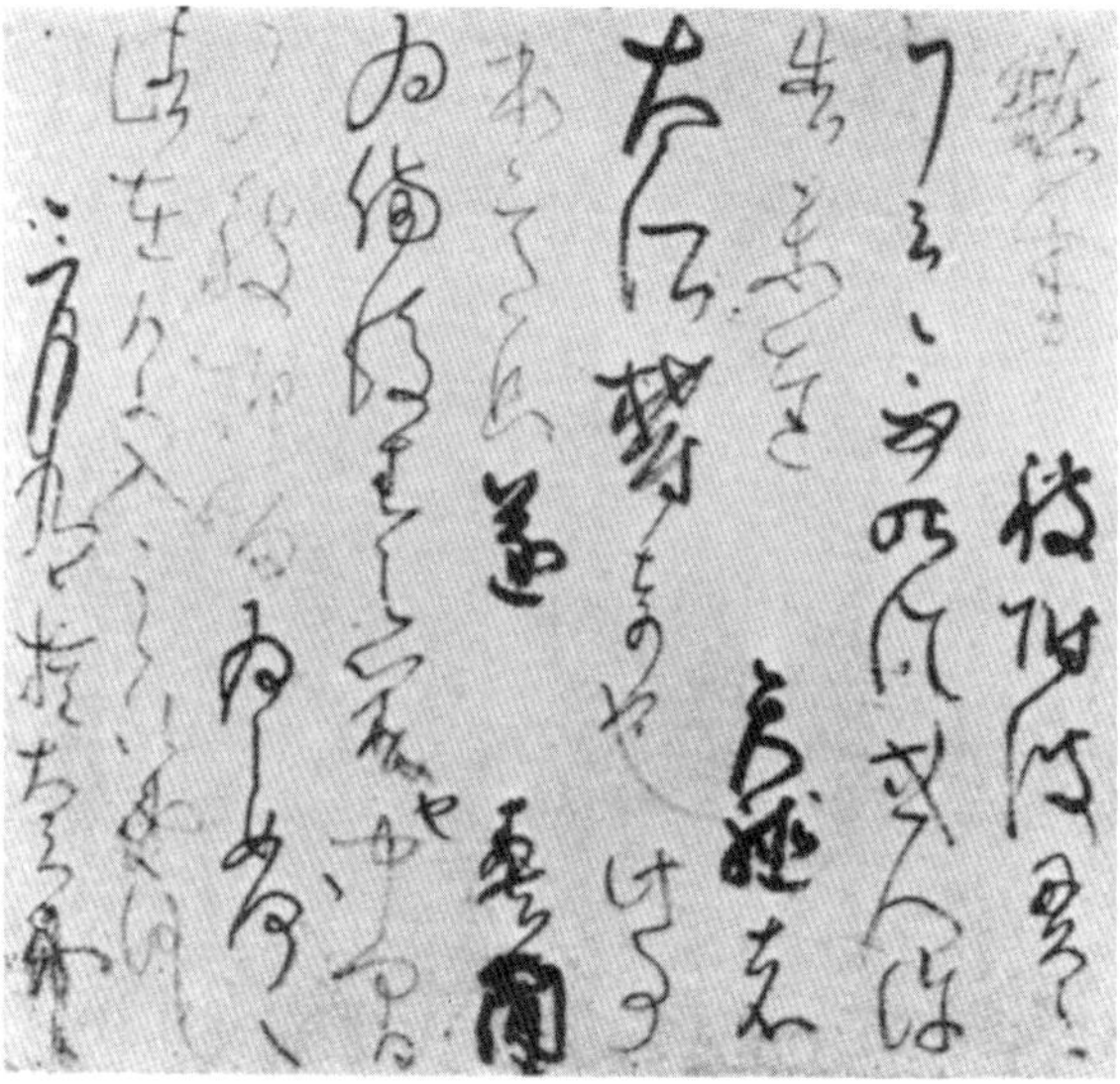

弁

(佐理)謹《みて》言《す》。頭弁昨日参

闇之由伝《え》承《り》侍《る》。気色如何。

『頭

不審々々。(佐理)申請《の》雑

事。被《れ》レ附《せ》二彼《の》貫《かん》首《すに》一了《おわんぬと》、云々。

而《しかるに》昨従《より》二或人《の》許一告《ぐ》。未《だ》レ達《せ》二

天聴《にてえり》一者。太《はなはだ》所二鬱《うつ》奇《きする》一也。此《の》

事《の》本意《は》、只《ただ》遂《とげ》二奏聞《を》一、為レ備《えんが》二

後生之弁《に》一也。中間又被《る》二抑

留《せ》一。為《す》レ之《を》如何々々。諸在《り》二参

入之次《ついで》一。(佐理)謹言。

三月九日権大夫(佐理)

再び兵部卿になる

まで、除目が行われた。そして、二十五日、佐理は再び兵部卿に任ぜられた。少しずつ幸運に向いて行くように見えた。

『頭弁帖』

『頭弁帖《とうのべんじょう》』は、末尾に「三月九日権大夫(佐理)」と書かれている。この消息は長徳四年三月九日に書いたものと考えられる。佐理は、前年太皇太后宮権大夫になり、この年兵部卿になった。しかし、かつては参議兼兵部卿であった佐理であるから、兵部卿だけでは情無いと考えていたに違いない。そして、一条天皇に愁訴しようと考えたのかもしれない。しかし、それも抑留された。それを嘆き、訴えたのが『頭弁帖』である。

疱瘡流行

この年、夏から冬にかけて、天下に疱瘡が流行した。世にこれを「稲目《いなめ》瘡《がさ》」とか「赤疱《あかも》瘡《がさ》」とかと言った。六月・七月に、京都の住民は男も女もずいぶんたくさん死亡した。下人はほとんどかからなかった。四位以下の人の妻がもっともはなはだしかった。天皇をはじめ、一般庶民まで、この病気にかからない者は無いぐらいであった。ただ前信濃守佐伯公行だけがこの病気にかからなかったということである。

死亡者続出

七月十日、前権大納言源重光が七十五歳でなくなり、同月十三日、婉子女王がなくなり、二十日、盛子内親王がなくなり、二十五日、参議左大弁源扶義《すけのり》が四十八歳でなくなり、また、この月、前参議兵部卿佐理・従二位高階成忠・備後守藤原方隆などもなくなった。多くの人がなくなった年である。

佐理死亡

『日本紀略』には、二十五日に源扶義がなくなり、「其日」佐理がなくなったと見えている。しかし『公卿補任』その他には「七月日薨」と見えているだけで、なくなった日は記されていない。それゆえ、黒川春村は「其日」は「某日」の誤りであるといっている。

『興福寺年代記』および『新札往来』には、佐理は「七月晦日」になくなったと見えている。しかし、これらの文献の記載を信用していいかどうか不審である。

当時の佐理はほとんど忘れられていた存在である。それゆえ、佐理がなくなった日もはっきりわからないのである。高階成忠は、関白道隆の北の方（夫人）高《こうの》内侍（貴子）の父なるがゆえに従二位に叙せられた人であり、道隆の没後は顧みられない存在であったから、やはりなくなった日がはっきりしない。

死因

この年、夏から冬にかけて、天下に疱瘡が流行し、なくなった人が多いが、七月には特に身分の高い人がたくさんなくなった。佐理もそのひとりである。そして、佐理も多分疱瘡でなくなったものと考えられる。

道長の時代

長徳四年（九九八）道長（三十三歳）は正二位左大臣、公任（三十三歳）は正四位下参議、行成（二十七歳）は従四位上右大弁であった。当時の道長は摂政でもなく、関白でもなかったが、その権勢は摂政・関白に劣らなかった。当時は道長の時代であった。

行成の時代

書芸の世界では、佐理がなくなると、行成の時代になった。そして、行成が第一の手書きとして尊重された。

第三　佐理の書跡・書風

一　佐理の書跡

佐理の真跡

佐理の書跡といわれているものはかなり有る。しかし、一般に佐理の真跡と認められているのは『詩懐紙』と消息の『恩命帖』『国申文帖』『去夏帖』『離洛帖』『頭弁帖』とである。それらのうちで、何人も佐理の真跡と認めて疑わないのは『詩懐紙』と『離洛帖』とだけである。そして『恩命帖』『国申文帖』『去夏帖』『頭弁帖』は真跡かどうか疑わしいといわれており、中には模本と認めている人もいる。

消息の断簡

ほかに、佐理の消息の断簡と認められている二行、十六字（陽明文庫所蔵）がある。これ

佐理消息断簡（『陽明世伝』所収）（佐理）謹言《みてす》。所《の》レ賜《う》蘇蜜煎、拝喜寂甚《もし》。抑今朝宮

も疑わしいものといわれている。

道風・佐理・行成は、三跡といわれて特別尊重されていたので、古筆の筆者としても特別尊重されていた。しかし、佐理の書跡といわれている古筆切《ぎれ》は、道風

『綾地切』

『賀歌切』

『紙捻切』

『筋切』『通切』

筆といわれている古筆切や行成筆といわれている古筆切ほどたくさんない。それらのうちで『綾地切』（『白氏文集』を書写した巻子本の断簡）は、佐理の書跡といってもいいほどの名筆であるが、優麗温雅な書風は、佐理の書跡でないことを示している。しかし、書写年代は藤原時代盛時と認められる。

佐理の書跡といわれている仮名の古筆切には『賀歌切』『紙捻《こより》切』『筋切』『通《とおし》切』『蓬萊切』『室町切』『十五番歌合切』がある。『賀歌切』の書写年代は佐理の時代ではないかと考えられるが、筆者はわからない。その書風から考えて、佐理の書跡とはいえない。『紙捻切』は、『道済《みちなり》集』の断簡であり、源道済（寛仁三、一〇一九）は佐理より少し後の人であるから、佐理が『道済集』を書くというようなことは有り得ない。『筋切』『通切』は同じ『古今集』の断簡である。それは元永三年（一一二〇）書写の『元永本古今集』と同筆であるから、佐理の時代よりずっと後のものである。『蓬萊切』は、このごろは行成の書跡といわれている。しかし、その書風は、

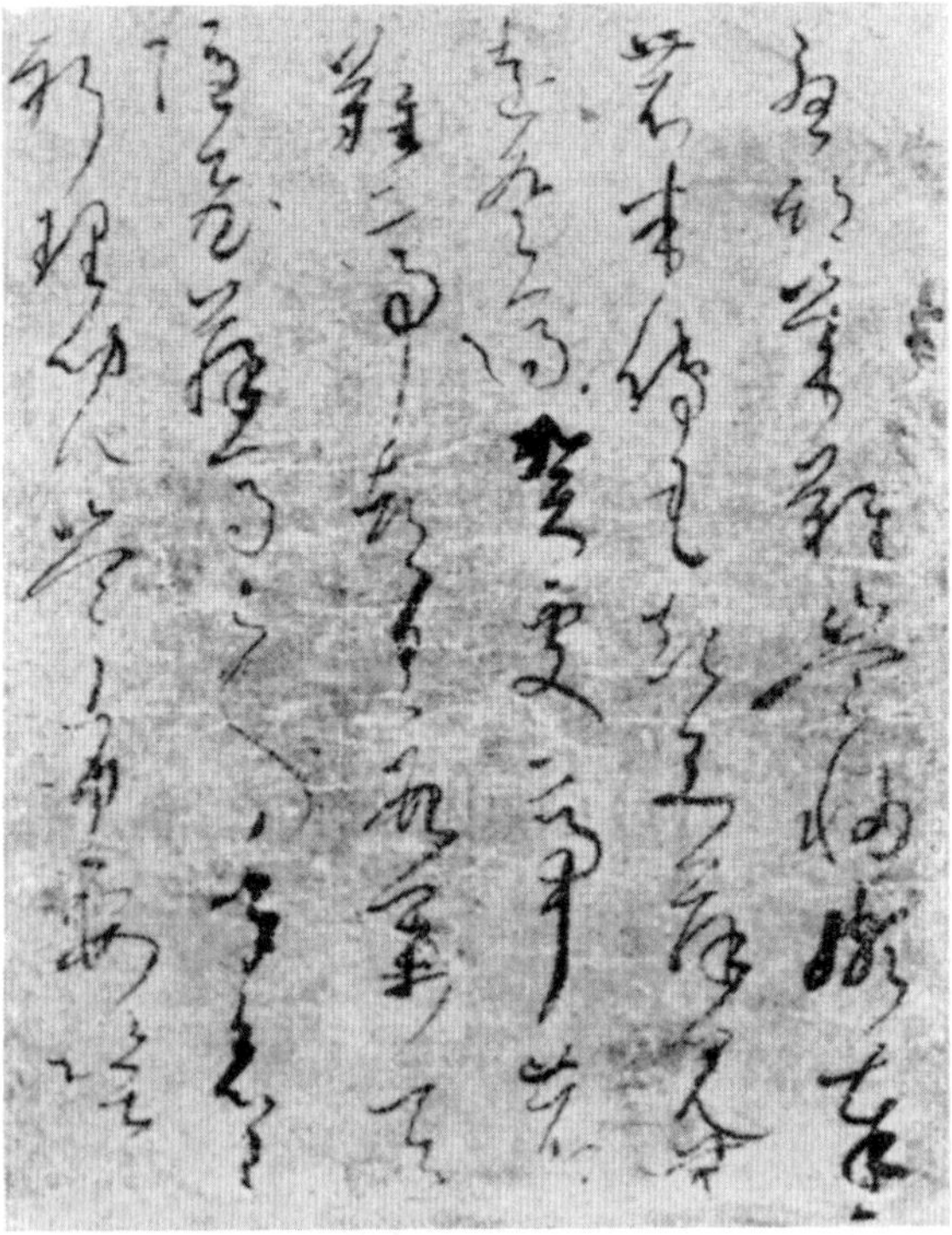

伝佐理筆『賀歌切』（部分）

『高野切』（巻十八、巻十九）の書風と同じようであり、十一世紀の中ごろに書写されたものと考えられる。

『室町切』

『室町切』も行成の書跡という伝承が有る。それは、『西本願寺本三十六人集』のうちの『人麻呂集』の断簡であり、『元永本古今集』と同筆であるから、十二世紀の初めか十一世紀の末かに書写されたものと考えられる。

『十五番歌合切』

『十五番歌合切』は普通公任の書跡といわれている。しかし、それは伊房（行成の孫）の書跡と認められており、十一世紀の後半期に書写されたものである。

佐理の仮名の真跡

佐理は、一条天皇の仰せにより、手本を書いて奉った。その手本は、源重之がよんだ歌を書いたものであるから、仮名の手本であり、佐理は、漢字ばかりでなく、仮名もじょうずであったことがわかる。しかし、佐理の真跡と認めることができる仮名の書跡は一点も無い。

佐理の草名

佐理の消息は五通残っているが、佐理の名を明記しているのは一通もない。すなわち『恩命帖』の差出書には『愚奴（草名）』とあり、『国申文帖』の差出書には

『伊与権守（草名）』とあり、『去夏帖』の差出書には「愚老（草名）」とあり、『離洛帖』の差出書には「旅士（草名）」とあり、『頭弁帖』の差出書には「権大夫（草名）」とあるだけである。それゆえ、これらの草名が佐理の草名であるかどうかということが問題になる。

『大宰府符』の佐理の草名

『大日本古文書』（家わけ第四）に収められている『石清水文書』のうちの「正暦三年九月廿日」付の『大宰府符』（四七九）に見えている「正三位皇后宮権大夫兼大弐藤原朝臣（草名）」（一二八ページ）の草名と佐理の消息の草名とは同じようである。正暦三年九月二十日に正三位皇后宮権大夫兼大宰大弐であったのは佐理であるから、佐理の消息の草名は佐理の草名であることが明かである。古くから佐理の消息といわれていたものが真実佐理の消息であることがわかる。

二　佐理の書風

佐理の真跡と認められているのは懐紙と消息とである。消息は不用意に忽卒《そうそつ》に書くのが普通であり、佐理の消息もやはり不用意に忽卒に書いている。懐紙も、消息と同じように、料紙を左の手に持って、不用意に忽卒に書くのが普通であり、佐理の懐紙もやはり不用意に忽卒に書いている。しかし、佐理も、額や願文や色紙形などを書く場合は、おそらく、道風の『智証大師諡号《しごう》勅書』や『屏風土代《どだい》』などのように、ゆっくり、おちついて、入念に書いたに違いないと思われる。けれども、佐理の刻意の書跡は残っていないから、その書風については考えることができない。考えることができるのは卒意の書跡についてだけである。しかし、佐理が得意としたのは卒意の書跡であったようであるから、卒意の書跡の書風をもって佐理の書風といってもさしつかえはないと思う。

卒意の書跡

刻意の書跡

『新猿楽記』所見の佐理の書跡についての批評

佐理の書跡の特徴について、藤原明衡の『新猿楽記』に、

羲之《ぎし》之垂露《すいろ》点《てん》、道風之貫花文《かんかもん》、和尚之五筆之跡、佐理之一墨之様、

と見えている。「羲之」は書聖といわれている東晋《とうしん》の王羲之（三二一―三七九）であり、「和尚」は空海（弘法大師）である。

垂露点

「垂露」は漢字の点画の一種である。それは「懸針《けんしん》」に似ているが、少し違う。すなわち、「懸針」は終筆で力を抜いて、軽くはらうが、「垂露」は終筆で力を入れて、強く止める。しかし「垂露点」は「垂露」の「点」ではなく（「垂露」は画であり、点ではない。）、「垂れる露のような美しい点」である。そして、羲之の書跡は「垂露点」のように「高雅清韻」であるというのである。

貫花文

それに対して道風の書跡は、「貫花文」（「貫花」は「貫珠」と同じようなことばである。）のように「優美華麗」であるというのである。いいかえれば、羲之の書跡は気品の高い点においてすぐれており、道風の書跡は形態の美しい点においてすぐれているというのである（行成の書跡は、道風の書跡と同じように「貫花文」である。）。

五筆之跡

「五筆之跡」は書風が多種多様であることをいうのであり、「一墨之様」は、数字を一字のように一筆で書き流していることをいうのではないかと考えられる。

空海は、在唐中、羲之が書いた宮殿の壁書の破損したのを書き直す時、口と左右の手と左右の足とで五本の筆を持ち、一度に五行書いたということである（『大師御行状集記』神筆条第七十三）。しかし、このような芸当は、どんなにすぐれた手書きにも絶対にできないはずである。それにもかかわらず、このような伝説が生じたのは、空海はいろいろな書跡（五筆）を書くことができ、空海の書跡は多種多様（五筆）であるからではないかと考えられる。すなわち、空海の書跡は一様（一筆）でなく、それぞれ姿と趣とが違っていることを「五筆」というのではないかと考えられる。

空海の書風

空海の書跡を見るに、『風信帖《ふうしんじょう》』『灌頂歴名』『金剛般若経開題』『座右銘』『真言七祖像讃』など、それぞれ字形と用筆とを異にし、書風がそれぞれ違っている。さらに『大和州益田池碑銘』（高野山の釈迦文院所蔵の『大和州益田池碑銘』は、空海の真跡ではなく、模本と認められる。しかし、ともかく、空海の真跡のおもかげを正しく伝えているものと考えられる。）

は、篆《てん》・隷《れい》・楷《かい》・行《ぎょう》・草《そう》の五体を適宜まじえて書いており、また、『真言七祖像讃』には飛白《ひはく》（はけを用いて、かすれるように書いた書体の一種）を書いており、空海は各種の書体を書くことができた。そして、空海の書跡は、書風ばかりでなく、書体もまた多種多様である。それゆえ「五筆」といわれるのではないかと考えられる（「五筆」の「五」は「多」の意味で、必ずしも「五」に限らない）。

佐理の書風の特徴

佐理の書跡のうち、二十六歳の時書いた『詩懐紙』は、佐理の個性がまだはっきり表われていないが、三十九歳以後に書いた消息は、佐理の個性が実にはっきり表われている。もちろん、懐紙と消息とは、書く態度が違うから、書き方が違うのは当然である。しかし、佐理の懐紙と消息との間には、それ以上の違いが認められる。そして、佐理の消息に見られる佐理の書跡の特徴は、佐理の書風の完成を示しているということができる。

佐理の消息の点画と用筆とは非常に変化に富んでいる。そして、それぞれ違うように見える。しかし、数字を一字のように一筆で書き流している点は、すべての消息に通じており、従って、佐理の消息は、すべて一様であるように見える。

連綿体

仮名は数字を一字のように一筆で書き流すのが本来の書き方である。佐理は、漢字（草書）も、仮名の連綿体のように、数字を一字のように一筆で書き流している。中には一行を一字のように一筆で書き流しているところも有る。このような書き方は、佐理の書跡にだけ見られる特徴であり、佐理以外の人の書跡には見られない。そして、佐理の書跡の特徴である「数字を一字のように一筆で書き流すこと」を「一墨之様」といっていたのではないかと考えられる。

運筆の速度

数字を一字のように一筆で書き流すには、運筆が速くなければならない。かつ、巧妙でなければならない。道風の『屛風土代』や行成の『白楽天詩巻』などは、運筆が遅い。すなわち、おちついて、ゆっくり書いている。もちろん、消息と詩文とは、書く態度が違うから、書き方が違うのは当然である。しかし、佐理の消息と道風の『屛風土代』や行成の『白楽天詩巻』などとの間には、それ以上の違

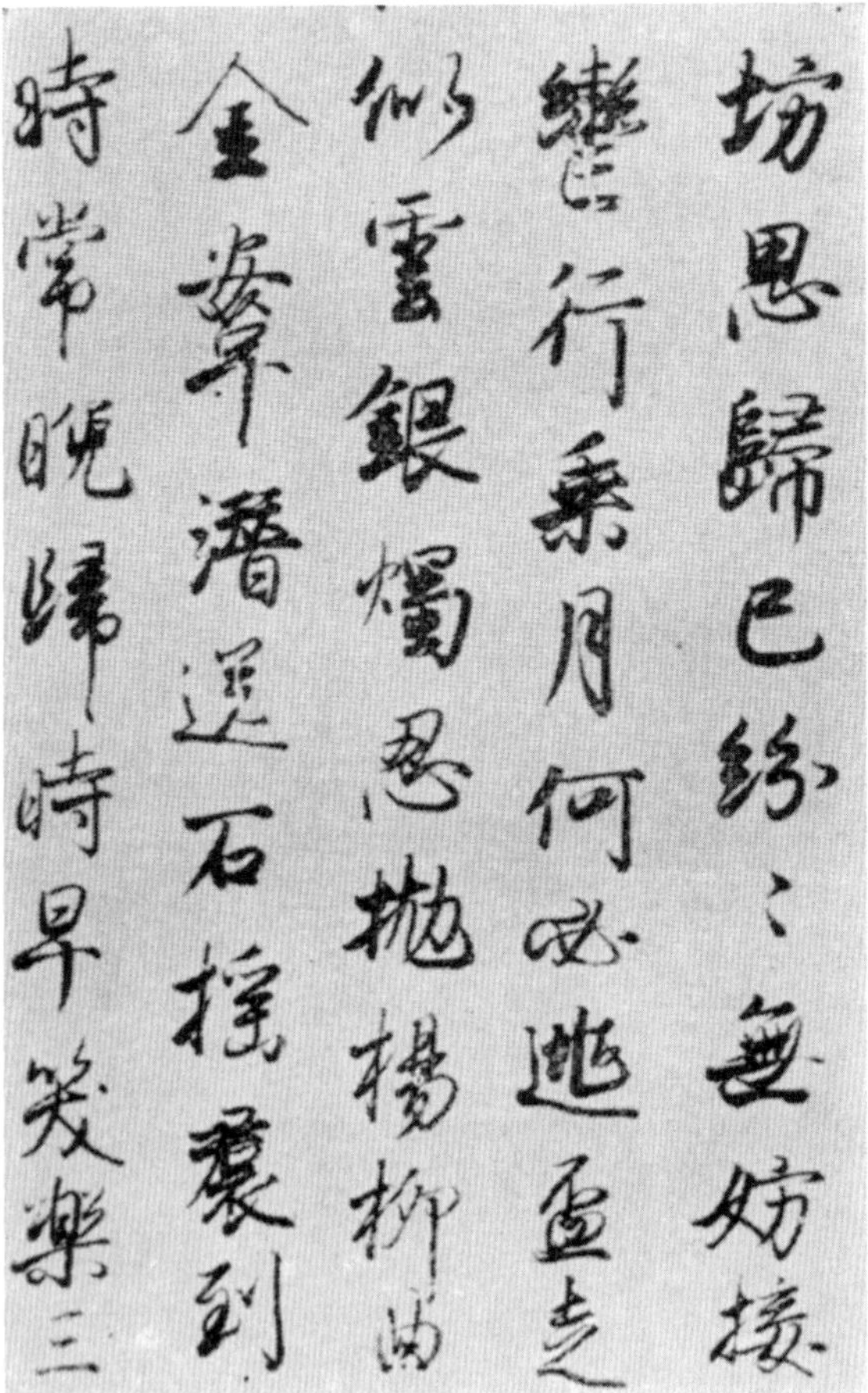

『白楽天詩巻』

いが認められる。佐理はだいたい速く書いていたようである。道風や行成はおちついて、ゆっくり書いていたようである。行成は消息でさえおちついて、ゆっくり、字形を端正に書いている。

変化多端

手書きといわれているほどの人の書跡はすべて運筆が巧妙である。しかし、佐理は運筆が特別巧妙である。佐理の消息は、運筆が巧妙である点においては、もっともすぐれているということができる。

だいたいにおいて、運筆が速くて巧妙な書跡は、変化が多いということができる。佐理の消息は不用意に書いたものであるが、実に変化が多い。それは作った変化ではなく、自然に生じた変化である。それゆえ、非常におもしろい。道風の書跡は確かに優美華麗である。優美華麗である点においては、もっともすぐれているということができる。しかし、単調で、変化が乏しい。道風の書跡には、運筆のおもしろさを見ることはできない。

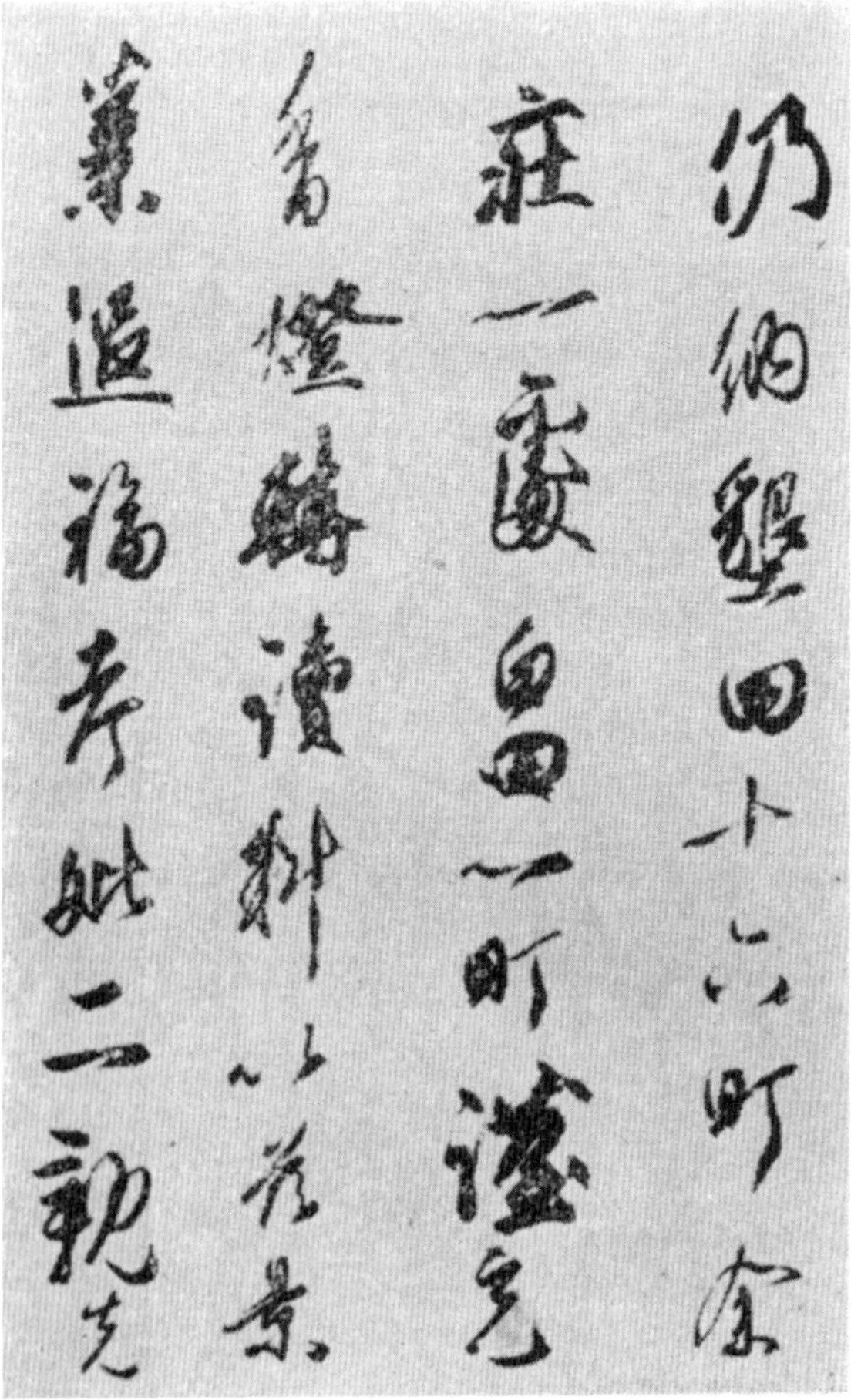

『伊都内親王願文』

『伊都内親王願文』

佐理の書跡（消息）は伝橘逸勢筆『伊都《いと》内親王願文』とともにもっとも変化の多い書跡である。しかし、佐理の書跡の変化は運筆の変化であり、『伊都内親王願文』の変化は点画の変化である。同じ用筆の変化であるが、少し違う。しかし、佐理の書跡も『伊都内親王願文』も同じように、非常におもしろい書跡である。

道風の書跡の端正

道風の書跡は、自由に書いた『玉泉帖』でさえ、字形がよく整っており、崩れていない。ことに『屏風土代』や『智証大師諡号勅書』などは、字形がもっとも端正である。そして、道風の書跡は、すべてだいたい同じようである。それゆえ、一見して道風の書跡であることがわかる。これは道風の書風が固定していたからであり、その発展が停止していたからである。

文芸によって名を知られている人

道風は、当時は衰えていた小野氏の出である。藤原氏一門がもっとも栄えていた道風の時代には、藤原氏以外の者は、いかに有為有能の士であっても、自由に志を伸ばすことはできなかった。紀氏の貫之、凡河内《おおしこうち》氏の躬恒《みつね》、壬生《みぶ》氏の忠岑《ただみね》などは、歌人としてはすぐれていたが、官位は非常に低かった。すなわち、貫之は従五位上（佐理が二十四歳の時の位）木工《もく》権頭、躬恒は淡路掾《じょう》（国府の第三等官）、忠岑は左近将監（佐理が十七歳の時の官）であった。家格の低い家に生まれた貫之・躬恒・忠岑などは、ただ和歌によって世人に重んぜられていたのである。道風も同様である。やはり家格の低い家に生まれ、学問も無く、才能も無く、また、詩文や和歌にも長じていなかった。すなわち、書芸以外には、全くとりえの無い人である。それゆえ、道風は、書芸によって身を立てる以外には、世に立つすべが無かったのである。そのため、専心書法を習ったらしい。そして、王羲之の書風をもとにして、日本的趣致の豊かな新しい書風すなわち和様を創始したのである。それゆえ、道風はすぐれた手書きであったといわなければならない。しかし、道風は和様を創始しただけである。それをさらに高め、また、深めることは、佐理と行成との力をまたなければならなかった。

書法を正しく書いた道風

道風の書跡はすべて同じようであり、変化が見られない。道風は、書法に従って、道風自身の独得の型にはめながら文字を書くので、道風の書跡はすべて一様であり、変化が無い。すなわち、道風の書跡に見られるものは書法と道風の型とだけである。それゆえ、どの文字も字形や用筆や点画が同じようである。そのため、整斉にして統一が有り、見た目にはきれいである。しかし、単調にして平凡であり、変化が無いから、おもしろくない。書法を正しく、非常に巧妙に書いているから、じょうずな書跡といわなければならないが、書かれているのは字形と点画とだけであり、内容が無いので、見ていて飽いてくる。見る者を引き付ける魅力の乏しい書跡である。

道風の書風と佐理の書風との相違

初唐の書風と北宋の書風との相違

佐理は道風に続いて世に出た人である。そして、道風の書風を継承した。すなわち、佐理も和様を書いた。しかし、道風の和様と佐理の和様とはかなり違っている。たとえていえば、道風の書風は唐代の初めの虞《ぐ》世南《せいなん》や欧陽詢《おうようじゅん》などの書風のようであり、佐理の書風は北宋の蘇東坡《そとうば》や黄山谷《こうさんこく》などの書風のようである。すなわち、道風の書跡は、書法が厳正であり、字形を端正に書いている。それに対して、佐理の書跡は、書法にかかわらず、自由に、速く書いている。そのため、字形は整っていない。しかし、技巧をこらすことなく、思いのままに書いているから、佐理の個性が実によく表われている。それゆえ、変化に富んでいるばかりでなく、見る者を引き付ける魅力に富んでいる。これを仮名の名筆にたとえると、道風の書跡は、おちついて、ゆっくり、字形を正しく書いている『高野切』のようであり、佐理の書跡は、字形が崩れることは意に介せず、自由に、速く書いて、変化に富む『関戸本古今集』のようである。

『高野切』と『関戸本古今集』との相違

このように、同じ和様であるが、道風の書跡と佐理の書跡との間に大きな相違が有るのは、道風と佐理とが全く違った人間であるからである。すなわち、道風と佐理とは生まれながらにして身分が違っていたばかりでなく、生い立ちも違っ

道風と佐理との相違

ていたし、また、生き方も違っていた。従って、道風の書跡と佐理の書跡とは書風が違うばかりでなく、趣も全く異なっているのである。

佐理の境遇

佐理は当時もっとも栄えていた藤原氏の出である。佐理の父は早くなくなったので、官位は低かったが、祖父は従一位摂政太政大臣であった。そのため、佐理は道風より家格・身分がずっと高かったばかりでなく、いろいろな点で非常に恵まれていた。

佐理と道風との身分の相違に原因する書芸の相違

佐理の官位は、祖父の没後は、はかばかしく昇進しなかった。しかし、道風は、晩年になって、やっと正四位下内蔵権頭になることができたのであるが、佐理は、二十八歳の時、従四位下左中弁で内蔵頭を兼ね、三十五歳の時、正四位下で参議に任ぜられた。それゆえ、佐理は道風のように、書芸によって身を立てようなどということは、全く考えなかったのである。ここに書芸に対する道風と佐理との態度の違いがある。そして、その違いによって、書跡に大きな相違が表われるのである。

教養としての書芸

当時書芸は貴族階級の教養として欠くことのできないものであったから、佐理は書芸を習ったのである。そして、書芸によって身を立てることは考えなかった。そのため、書法を習っても、書法をかたく守り、書法どおりに書くなどということは考えなかった。そして、書法にしばられることなく、筆に任せて、自由に書いた。

佐理の人となりとその書風

元来、佐理は非常識で、世間のしきたりなどには無頓着な人であった。それゆえ、型にはめられることをきらっていたばかりでなく、いつも枠《わく》を踏みはずしては失態ばかりしていた。そして、現存している佐理の消息五通のうち三通まで陳謝状である。すなわち、佐理はかってきままにふるまった人であり、かってきままに文字を書いた人である。

書法にかかわらない書跡

それゆえ、自由に、速く書き、かつ、数字を一字のように一筆で書き流した。それは書法にかかわらない書跡であるから書法をもって律することはできない。しかし、佐理の人となりを少しも飾らず、いつわらず、ありのままに表現している。それゆえ、おもしろいし、親しめる。その上、筆力が強く、筆勢が鋭い。さらに、点画と用筆とに変化が多い。

沈着な運筆端正な字形

道風の書跡と行成の書跡とは、いろいろな点にかなりの相違がある。しかし、大きな目で見ると、だいたい同じようである。すなわち、道風も、行成も、おちついて、ゆっくり、字形を端正に書いている。

行成の人となりとその書風

行成は、佐理と同じように、藤原氏の出であり、かつ、正二位摂政太政大臣の孫である。しかし、佐理とは違い、温厚で、常識の豊かな、円満な人格者であった。それゆえ、佐理のように、かってきままにふるまうようなことはなかった。従って、文字を書くにも、書法を正しく書き、かってきままには書かなかった。

行成の時代

ことに、行成の時代（天禄三―万寿四、九七二―一〇二七）は藤原時代の盛時であり、貴族文化のもっともはなやかな時代であった。清少納言が『枕草子』を書き、紫式部が『源氏物語』を書いたのは行成の時代である。当時は各方面にすぐれた人材が雲の如く輩出した。当時第一の権力者であった御堂関白道長は「この世をばわが世とぞ思ふもちづきのかけたることもなしと思へば」という歌をよんで、わが世の春を謳歌した。当時はすべてのものが満月のように満ち足りていた。それゆえ、当時は、円満で、調和の有るものが愛好され、尊重された。従って、偏したもの、片寄ったもの、癖の有るもの、不完全なものはきらわれ、しりぞけられた。そのため、変化よりも調和と統一とが要求された。このような時代であったから、行成は端正で調和の有る温雅な書跡を書いたのである。そして、普通は怱卒に書く消息でさえ、字形は端正であり、おちついて、ていねいに書いている。

円満と調和とを尊重する

異端者の作品

佐理のような人間は、当時の貴族階級では異端者というべきである。ちょうど歌人の曽根好忠のような存在である。非常識であったため、世にいれられなかったが、芸術的天分には恵まれていたので、手書きあるいは歌人としてはすぐれていた。そして、個性の豊かな、特徴の有る書跡を書き、歌をよんでいた。それに比べると、道風や行成の書跡は個性が乏しいといわなければならない。ことに、道風の書跡は千篇一律であり、すべて同じようである。しかし、佐理の書跡は千変万化しており、非常におもしろい。

道風と佐理の書風との比較

だいたいにおいて、道風の書跡の点画は太いが、佐理の書跡の点画は細くてひきしまっている。道風の『屏風土代』の「語」と佐理の『詩懐紙』の「語」とを比べるに、『屏風土代』の「語」は豊潤で、強くはない。それにひきかえ、『詩懐紙』の「語」は細いが、強い。さらに、細くても充実しており、決して貧弱に見えない。そして、道風の太い点画に比べて、決して劣っていない。

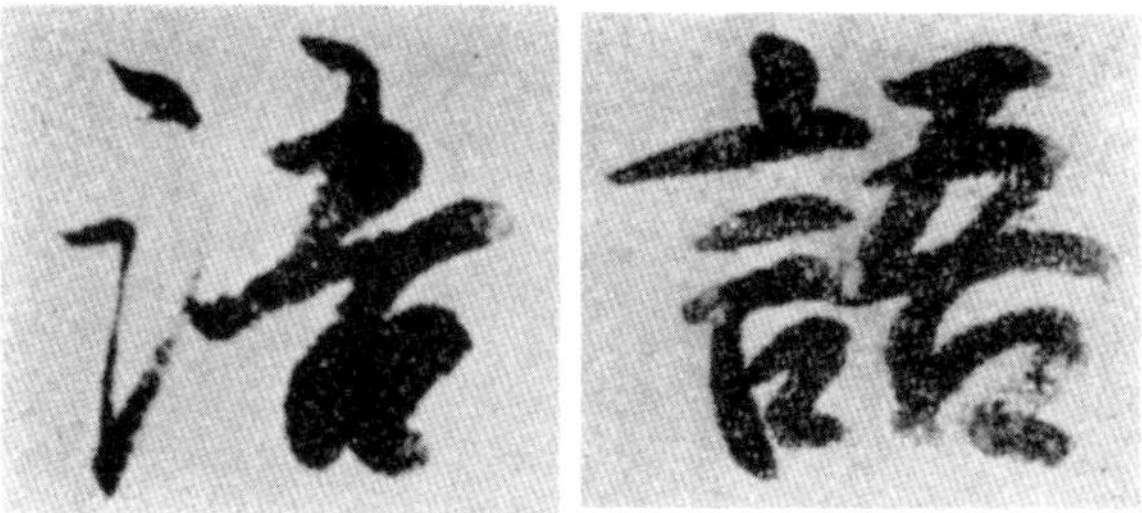

佐理と道風の「語」の字比較

(左，佐理の『詩懐紙』，右，道風の『屏風土代』)

佐理の書跡のうちでは『離洛帖』がもっともすぐれている。それは筆力が強くて、筆勢が鋭い。このような強さと鋭さとは、道風や行成の書跡には見られない。それは墨跡（禅僧の筆跡）に見る厳しさと同じような厳しさである。このような厳しい書跡は、藤原時代には、佐理の書跡以外には無い。

『離洛帖』の特徴

三　佐理および佐跡の尊重

『御堂関白記』所見の『佐理書唱和集』

寛仁二年（一〇一八）十月二十二日（佐理の没後二十年）後一条天皇が道長の土御門殿へ行幸された時、御贈物として「道風二巻、佐理書唱和集」を献上した（『御堂関白記』）。「道風二巻」は「道風の書跡二巻」である。『唱和集』とはどんな本かわからないが、唱和した詩を集めた本ではないかと考えられる。道風の書跡は、当時もっとも愛好され、尊重されていたので、しばしば贈物に用いられた。道風の書跡とともに佐理の書跡も贈物に用いられたことは、それが愛好され、尊重されていた証拠である。

『新猿楽記』所見の「佐理之一墨之様」

『新猿楽記』に「羲之之垂露点、道風之貫花文、和尚之五筆之跡、佐理之一墨之様」と見えている。これによって、佐理は羲之・道風・空海などと同じように尊重されていたことがわかる（行成の名が見えないのは、行成の書跡は道風の書跡と同じように「貫花文」であるからである。）。

『江談抄』所見の兼明親王・佐理・行成の比較

大江匡房（長久二―天永二、一〇四一―一一一一）の談話を筆記した『江談抄《ごうだんしょう》』に、兼明親王・佐理・行成は「三人等同《とうどう》之手書」であり、それぞれ多少の違いが有るだけで、「殿最《でんさい》」（優劣）を決めがたいということが見えている。これによって、佐理は兼明親王や行成と同じように尊重されていたことがわかる。

尊重された道風・行成

しかし、行成は兼明親王や佐理よりもずっと尊重されていた。また、当時の文献には、道風・行成の名や野跡《やせき》・権跡《ごんせき》はたくさん見えているが、兼明親王や佐理に関する記載は非常に少ない。道風は和様の創始者であるから尊重された。また、行成は和様の完成者であるから尊重された。さらに、道風や行成の平明温雅な書風は、当時の貴族階級の好尚《こうしょう》に合致するものであったし、また、習いやすい。

あまり尊重されなかった佐理

世尊寺家の繁栄と行成の尊重

従って、一般に愛好され、尊重された。しかし、佐理の「個性がはっきり表われている、癖の多い、特異な書風」は、当時の貴族階級の好尚にはあわなかったし、また親しみがたくて習いにくいので、ほとんど愛好されなかったようである。その上、行成の子孫は代々当時第一の手書きとして尊重され、世尊寺家(行成の家)は書芸の家と見なされるようになった。そのため、先祖の行成が尊重された。それにひきかえ、佐理は、女《むすめ》以外、子孫に手書きといわれるほどの人はひとりも出なかった。そのため、佐理はほとんど顧みられなくなったのである。

忠通の佐跡尊重

『近衛文書』の中に、端書《はしがき》に「法性寺殿」(藤原忠通)御消息」と記されている文書がある。それによると、忠通が円融寺所蔵の佐理自筆の『法華経』を見たいので借り出したいといったということである。忠通は平氏時代第一の手書きである。その忠通が一見したいといったというのは、それが非常に尊重されていたものであることを証していると思う。

『才葉抄』所見の三跡の尊重

平氏時代に忠通につぐ手書きとして尊重されていた藤原教長の『才葉抄』に、「法性寺殿は、むかしの手書きには、道風・佐理・行成、此三人を能書と宣《のたまえ》り。」と見えている。すなわち、道風・佐理・行成の三人は、忠通によって手書きと認められていたことがわかる。

『山槐記』所見の「佐理詩清書」

藤原忠親の日記『山槐記《さんかいき》』の永暦元年(一一六〇)十二月五日の条に、忠親が右大臣公能の家へ行ったところ、公能は「手本一合」を取り出して見せてくれたが、いずれも「神妙物」であり、その中に「佐理詩清書」が有ったということが見えている。すなわち「佐理詩清書」を「神妙物」といっていることは、佐理の書跡が尊重されていたことを示している。

『夜鶴庭訓抄』と佐理

藤原伊行《これゆき》(行成六世の孫)の『夜鶴庭訓抄《やかくていきんしょう》』には、佐理についての記述は無い。また『才葉抄』にも無い。伊行は世尊寺家の人であり、教長は世尊寺家の書芸を伝えられた人であるから、佐理に関しては特別に書くことが無かったのであろうと思われる。

『古今著聞集』と佐理

『古今著聞集』は建長六年(一二五四)に橘成季が書いた説話集である。その巻七に、「能書」(手書き)の一章が有り、平安時代の初めから当時までの手書きについてのいろいろな話を集めている。そして、空海・道風・行成や世尊寺家の人に関しては、いろいろなことがかなりくわしく記述されているが、佐理に関しては、三島明神の神託によって社の額を書いたことを、ごく簡単に書いているだけである。それゆえ、佐理や佐跡が尊重されたといっても、空海や道風・行成などには比べることができないほどであったことが明らかである。

『入木抄』と佐理

尊円法親王(永仁六—正平一一、一二九八—一三五六)の『入木《じゅぼく》抄』には、道風・佐理・行成の三人を「三賢」といい、手書きとして尊重している。しかし、行成は大きく取り上げられているが、佐理については特別に記述されていない。尊円法親王は、世尊寺家の行房・行尹について書芸を習ったので、世尊寺家の先祖である行成は大きく取り上げたが、佐理は取り上げなかったのである。

『異制庭訓往来』と佐理

『異制庭訓往来』には、わが国の手書きとして、道風・行成・美材《よしき》・佐理・逸勢を挙げている。また『尺素《せきそ》往来』には、道風・佐理・行成を「三賢」といい、藤原文昌（正文）・小野保時（道風の子奉時）・紀時文・菅原文時を「四輩」といっている。三賢は第一流の手書きであり、四輩は第二流の手書きである。しかし、ただ手書きといわれただけで、その書跡が尊重され、その書風が慕われたのは道風と行成とだけである。

『碧山日録』所見の佐理の尊重

東福寺の僧太極《たいきょく》の『碧山日録』の長禄二年（一四五八）四月十三日の条に、ある僧が「清水谷家は代々書法を家業としており、先祖は行成から出ている。わが国で佐理・行成の書法を推称するのは、中国で鍾繇《しょうよう》・王羲之を尊重するのと同じである。」と話したということが見えている。当時、中国の鍾繇・王羲之のように尊重されていたのは、道風・行成である。しかし、佐理を推称する者もいたことがわかる。中国風の書風を書く人は、温雅な道風や行成の書風よりも、厳しくて強い佐理の書風を愛好し、尊重したのではないかと考えられる。

『麒麟抄』所見の佐理の書跡に対する考え方

『麒麟《きりん》抄』は行成の著といわれているが実は十四世紀の初めに何人かが書いたものである。その巻二には、空海・道風・忠通・行能・経朝などの字形を端正に書いた書跡は、四声にたとえると平声《へいせい》に当るものとしてもっとも尊重し、佐理の書跡は上声《じょうせい》に当るものとされており、それを習うと、手跡が災難を書き出す（招く）といっている。『麒麟抄』は行成の著といわれているだけあって、空海・道風および世尊寺家の人たちを尊重し、佐理などは尊重していない。

細井広沢の佐跡の尊重

細井広沢《こうたく》（万治元―享保二〇、一六五八―一七三五）の『観鵞百譚』（巻四、第七十八、和朝額字佐理神妙）には、佐理の書跡の勢いはひとえに空海の書跡の如くであるといっている。唐様《からよう》を書いた広沢は、優麗温雅な道風や行成の書跡よりも、厳しくて強い佐理の書跡を愛好し、尊重したようである。

黒川道祐の佐跡の尊重

黒川道祐《どうゆう》（—元禄四、—一六九一）の『遠碧軒《えんぺきけん》随筆』（下之二）に、佐理の書跡は大切である、道風は有名であるが、書跡は佐理が第一であるといっている。佐理の書跡を非常に高く評価した人もいたことがわかる。

佐跡の尊重は野跡・権跡の尊重に劣る

藤原時代にも、その後も、佐理は三跡のひとりとして尊重され、また、その書跡は愛好され、尊重された。しかし、それは道風や行成の書跡の愛好尊重に比べると、遥かに劣っていた。

中世における佐跡の尊重

近世における佐跡の尊重

鎌倉時代および室町時代には、佐理は三跡のひとりに数えられているから尊重されていたのであり、ただそれだけであったのではないかと考えられる。また、江戸時代の広沢や道祐が佐理や佐理の書跡を尊重したのは、三島明神の神託によって社の額を書いたとか、佐理の書跡は中国の文献にも見えているとかというような理由で尊重されていただけであり、佐理の書跡がすぐれているから尊重したというのではないようである。

佐跡は野跡
権跡に劣ら
ない

和様は道風・行成の書跡を規範としていた。そして、道風・行成の書風が継承され、流行した。そのため、道風・行成の書跡がもっとも愛好され、尊重された。そして、佐理の書跡は、一般の好尚に合致しなかったから、ほとんど尊重されなかった。しかし、佐理の書跡には、道風や行成の書跡には見られないよさが有り、美しさが有る。それゆえ、佐理の書跡は、道風や行成の書跡に比べて、決して劣っていないといわなければならない。

皇室略系図

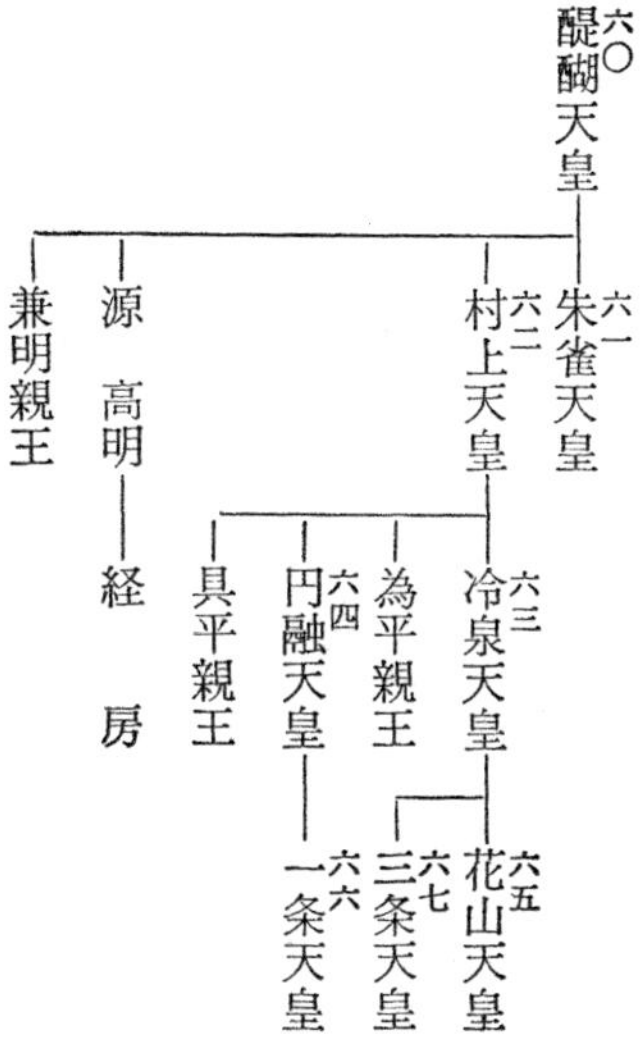
六〇醍醐天皇
六一朱雀天皇
六二村上天皇
源高明
経房
兼明親王
六三冷泉天皇
為平親王
六四円融天皇
具平親王
六五花山天皇
六七三条天皇
六六一条天皇

藤原氏略系図

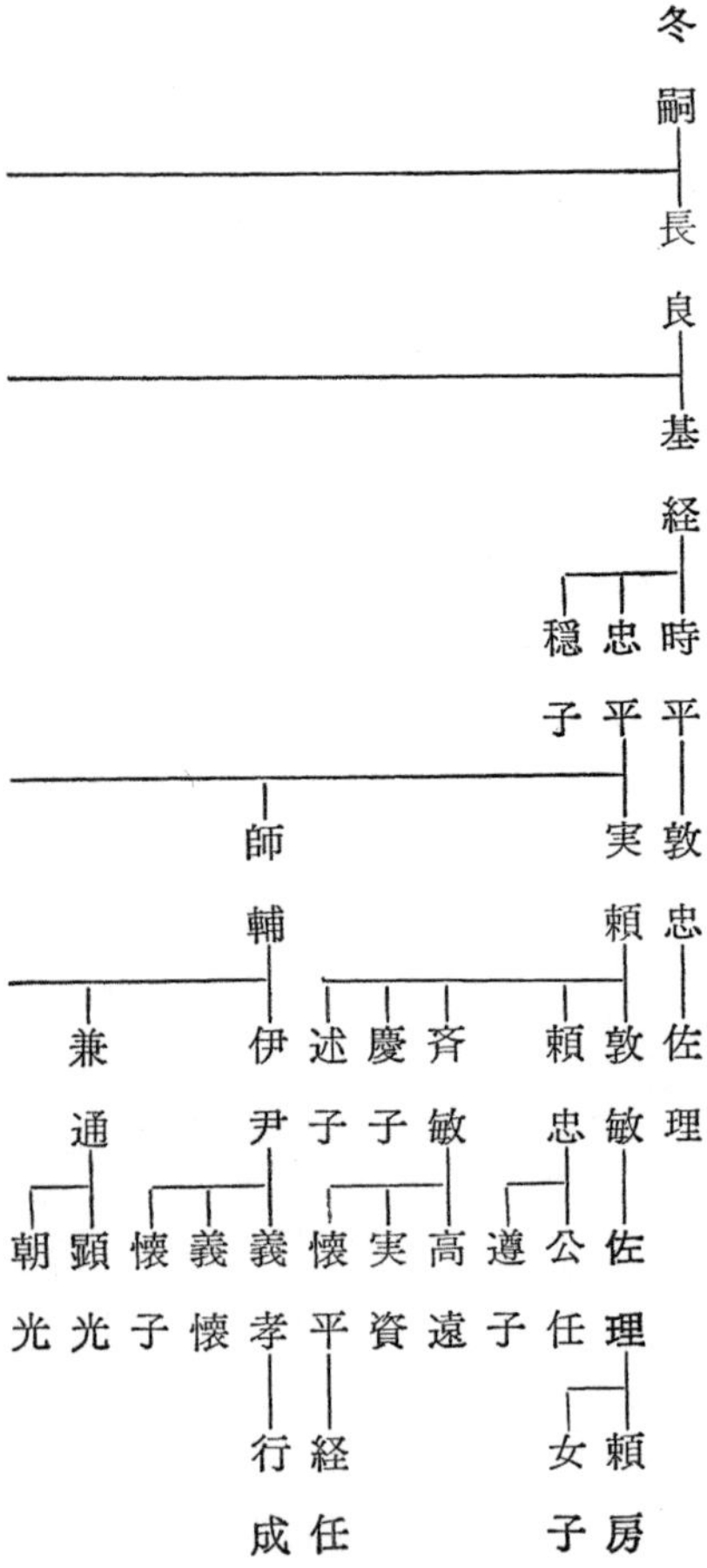
冬嗣
長良
基経
時平
忠平
穏子
敦忠
佐理
実頼
師輔
敦敏
頼忠
斉敏
慶子
述子
伊尹
兼通
佐理
頼房
公任
女子
遵子
高遠
実資
懐平
経任
義孝
行成
義懐
懐子
顕光
朝光

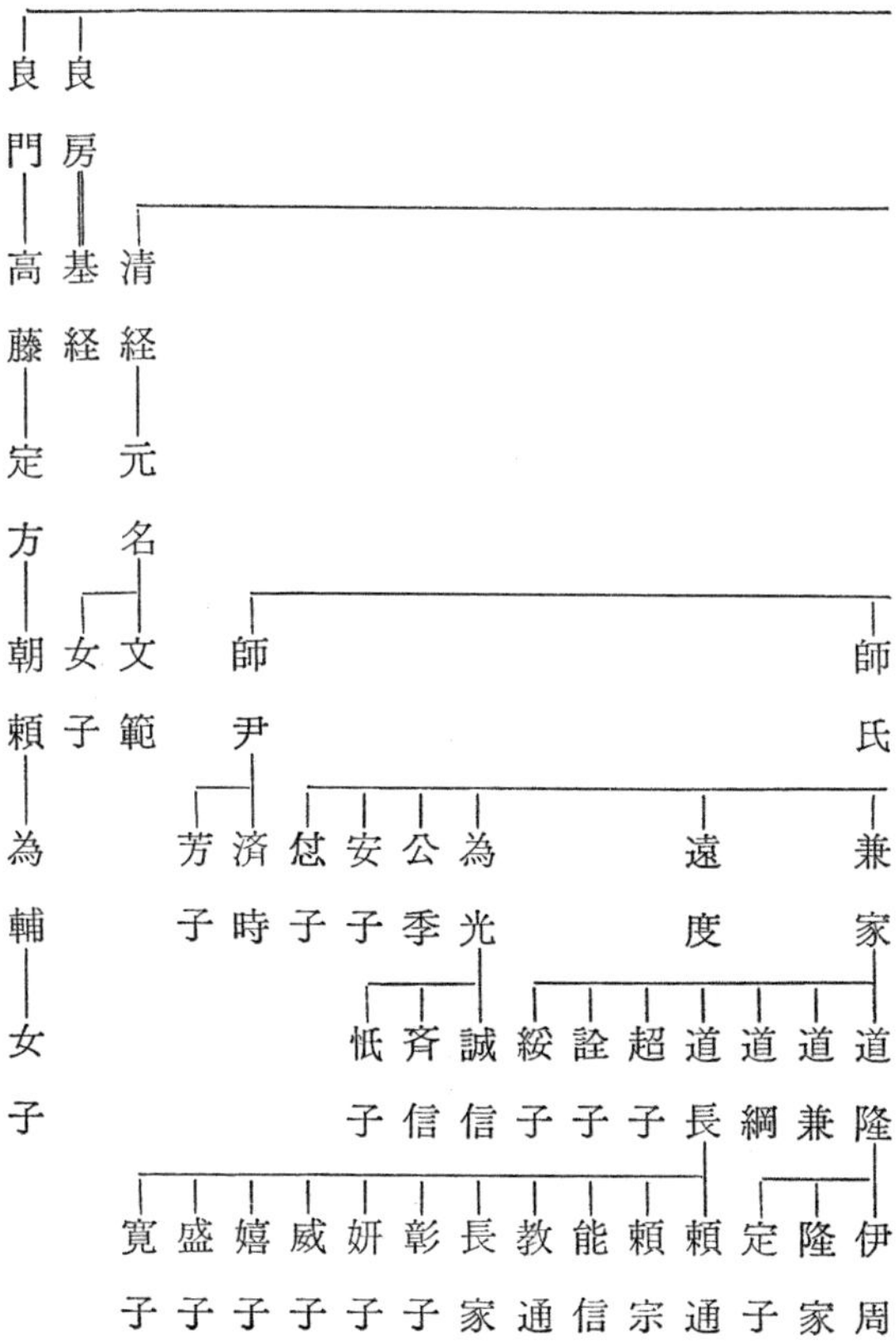
師氏
兼家
道隆
伊周
隆家
定子
道兼
道綱
道長
頼通
頼宗
能信
教通
長家
彰子
妍子
威子
嬉子
盛子
寛子
超子
詮子
綏子
遠度
為光
誠信
斉信
忯子
公季
安子
怤子
師尹
済時
芳子
清経
元名
文範
女子
良房
基経
良門
高藤
定方
朝頼
為輔
女子

略年譜

天皇	年次	西暦	年齢	事項	参考事項	死没者
朱雀	天慶 七	九四四	一	出生		
	八	九四五	二			九月五日、左大臣藤原仲平(71)
村上	九	九四六	三		藤原師輔女安子・藤原実頼女述子、女御となる○小野道風、大嘗会の屏風の色紙形を書く	紀貫之
	天暦 元	九四七	四	一一月一七日、父敦敏を失う		一〇月五日、女御藤原述子(15)○一一月一七日、藤原敦敏(36)
	二	九四八	五			一〇月二八日、源公忠
	三	九四九	六			八月一四日、関白藤

四	九五〇	七	このころ殿上童であった		原忠平(70)
五	九五一	八		撰和歌所を置く	
六	九五二	九			八月一五日、朱雀法皇(30)
七	九五三	一〇			三月二一日、大納言藤原元方(66)
八	九五四	一一		小野道風、橘直幹の申文を書く	
九	九五五	一二			
一〇	九五六	一三		小野道風、内裏の屛風の色紙形を書く	
天徳元	九五七	一四		穀物の値段が高くなる	一二月二八日、参議大江朝綱(72)
二	九五八	一五		阿保懐之、銭文を書く	藤原清正
三	九五九	一六		小野道風、詩合の詩草を清書する	
四	九六〇	一七	このころ近衛将監であった	三月三〇日、内裏で女	五月四日、右大臣藤

						房歌合を行う○九月二三日、内裏焼亡	原師輔(53)○壬生忠見
	応和	元	九六一	一八	正月七日、従五位下に叙す○正月二八日、昇殿○一一月三日、侍従に任ず	小野道風、昇殿○小野道風、内裏の額を書く	
		二	九六二	一九	五月四日、殿上人女房歌合に歌を作る○八月七日、右兵衛権佐に任ず		
		三	九六三	二〇	このころ丹波守藤原為輔女淑子と結婚した		六月七日、中納言大江維時
	康保	元	九六四	二一	このころ長子頼房が生まれた		四月、前参議藤原元名(81)
		二	九六五	二二	このころ長女が生まれた		
		三	九六六	二三	正月二七日、右近衛権少将に任ず○二月一〇日、勅答使になる○一〇月七日、万歳楽・太平楽を舞う	藤原道長・藤原公任出生	一二月二日、中納言藤原朝忠(57)○一二月二七日、内蔵権頭小野道風(73)
冷泉		四	九六七	二四	正月二四日、近江介を兼ねる○九	六月二二日、藤原実頼	五月二五日、村上天

				月一日、東宮昇殿○一〇月一七日従五位上に叙す○一一月、昇殿	関白になる	皇(42)
	安和元	九六八	二五	六月二二日、勅答使になる○一一月二三日、正五位下に叙す	紀時文、大嘗会の屛風の色紙形を書く	
円融	二	九六九	二六	三月一四日、『詩懐紙』を書く○五月一七日、勅答使になる○九月二日、蔵人に任ず○一〇月一九日右中弁に任ず	安和の変	
	天禄元	九七〇	二七	一一月一七日、大嘗会の屛風の色紙形を書く○一一月二〇日、従四位下に叙す○一二月、昇殿	藤原伊尹、摂政になる	五月一八日、摂政藤原実頼(71)○源信明
	二	九七一	二八	一二月一五日、左中弁に転ず		
	三	九七二	二九	四月二八日、内蔵頭を兼ねる	藤原兼通、関白になる	九月一一日、僧空也○一一月一日、摂政藤原伊尹(49)
	天延元	九七三	三〇			
	二	九七四	三一		秋、疱瘡流行	
	三	九七五	三二	正月七日、従四位上に叙す○一〇		

貞元	元	九七六	三三	月五日、紀伊権守を兼ねる	五月一一日、内裏焼亡○六月一八日、大地震	
	二	九七七	三四	七月初め、内裏の額を書く○七月八日、勅禄を賜う○八月二日、正四位下に叙す○六波羅蜜寺の額を書く	藤原頼忠、関白になる	一一月八日、前関白藤原兼通(53)
天元	元	九七八	三五	一〇月一七日、参議に任ず	このころ紫式部が生れたか	
	二	九七九	三六	正月二九日、讃岐守を兼ねる		
	三	九八〇	三七		七月、風水害	八月、石見守坂上望城○九月二八日、皇太后宮権大夫源博雅
	四	九八一	三八	一〇月四日、従三位を辞退して、子の頼房に譲る	頼房、従五位下に叙す	九月八日、式部大輔菅原文時(83)
	五	九八二	三九	正月(二日か)、大饗に早退する○正月中旬、『恩命帖』を書く○正月三〇日、伊予権守を兼ねる○二	一〇月、大内記慶滋保胤、池亭を造り、『池亭記』を作る○一一月	一二月一六日、前大宰権帥源高明(69)

					月一七日、女御入内の供奉を怠る○二月一八日、弾正忠近光を自邸に拘禁する○二月二三日、近光を放免する○四月二日、『国申文帖』を書く	僧奝然、入宋する	
	永観	元	九八三	四〇	正月二七日、勘解由長官を兼ねる○二月二二日、円融寺落慶供養の願文を書く○『去夏帖』を書く		能登守源順(73)
花山		二	九八四	四一	正月二九日、美作守を兼ねる○八月九日、内裏の額を書いて、従三位に叙す		
	寛和	元	九八五	四二	二月一三日、円融上皇に供奉して嵯峨野に遊び、けまりをする○一一月二一日、大嘗会の屏風の色紙形を書く	四月、権少僧都源信、『往生要集』を撰す	正月三日、大僧正良源(74)○斎宮女御(50)
一条		二	九八六	四三	六月二〇日、小白河の権大納言藤原済時の家の法華八講に行く○一一月一五日、大嘗会の屏風の色紙	藤原兼家、摂政になる	八月二七日、権中納言藤原為輔(67)

			形を書く		
永延 元	九八七	四四			
二	九八八	四五	正月二九日、美作守を兼ねる	入宋僧奝然、佐理の書跡を宋の皇帝に献上する	九月二六日、兼明親王(74)
永祚 元	九八九	四六	六月二七日、藤原頼忠の遺骸を法住寺北辺の帝釈寺へ葬送する○一〇月六日、祖父実頼の遺産の分配をする○一一月一八日、勘解由長官を辞す○一一月二三日、大原野祭の上卿をつとめる○一一月二八日、播磨権守を兼ねる	八月一三日、暴風雨	六月二六日、前関白藤原頼忠(66)
正暦 元	九九〇	四七	正月二九日、兵部卿を兼ねる	藤原道隆、関白になる○藤原道隆女定子、中宮になる	七月二日、前関白藤原兼家(62)○六月、肥後守清原元輔○駿河守平兼盛
二	九九一	四八	正月二七日、参議兵部卿を辞し、大宰大弐に任ず○三月一八日、僧		正月一二日、円融法皇(33)○八月、祭主

年号	西暦	年齢	事績	一般事項	人物
			仁康の五時講を修する願文を書く○四月二六日、皇后宮権大夫を兼ねる○四月末か五月初めかに九州へ下向する○五月一六日、長門国赤間の泊に到着する○五月一九日『離洛帖』を書く○五月末か六月初めかに大宰府に到着する		大中臣能宣
三	九九二	四九	三月一四日、正三位に叙す○大宰大弐在任中一条天皇の仰せによって、手本を書いて献上する○九月二〇日、筑前国司あての大宰府の符に草名を書く		藤原仲文○六月一六日、太政大臣藤原為光(51)
四	九九三	五〇	皇后宮権大夫をやめる		
五	九九四	五一	宇佐八幡宮の神人と闘乱する○一〇月二三日、佐理と宇佐八幡宮の神人との闘乱に関して朝廷で議定が行われる○一一月三日、朝廷、大宰府使を任命する○一一月七日、	夏秋、疫病が流行する	

長徳元	九九五	三二	朝廷、大宰府使を改定する大宰府使に対捍する○九月二八日佐理の対捍に関して朝廷で議定が行われる○一〇月一八日、大宰大弐をやめさせられる○一〇月二五日、京都へ召還される○京都へ帰る途中三島明神の額を書く	藤原道兼、関白になる○藤原道長、内覧の宣旨を蒙る○夏秋、疫病流行	三月二〇日、大納言藤原朝光(45)○四月一〇日、前関白藤原道隆(43)○五月八日、関白藤原道兼(35)
二	九九六	三三		内大臣藤原伊周を大宰権帥に、権中納言藤原隆家を出雲権守に左遷する○七月二〇日、藤原道長、左大臣になる○穀物の値段が高くなった	
三	九九七	三四	四月五日、朝参を許され、太皇太后宮権大夫に任ず		八月二七日、前鎮守府将軍源満仲(86)○前大内記慶滋保胤
四	九九八	三五	正月二五日、兵部卿に任ず○三月	赤疱瘡流行○藤原道長	

九日、『頭弁帖』を書く○七月死亡

金峯山に埋経する

参考文献

『大日本史料』第二編之三
佐理死没の条に伝記史料がまとめられている。

『書品』28号　東洋書道協会　昭和二七
堀江秋菊「藤原佐理年譜」　佐理の略年譜に簡単な注を書き加えている。
春名好重「藤原佐理とその書」　佐理の略伝と佐理の書跡の簡単な解説である。

『墨美』91号　墨美社　昭和三四
春名好重「藤原佐理」　佐理の伝記および書跡についてかなりくわしく記述している。
大河内曻東「藤原佐理の詩懐紙について」　『詩懐紙』の書写年時について簡単に記述している。

『書道全集』第12号　平凡社　昭和二九
尾上八郎「三跡について」　道風・佐理・行成の書について論述しているが、佐理の書については少ししか書いていない。

『定本書道全集』9　河出書房　昭和二九

飯島春敬「三跡の書」これも道風・佐理・行成の書について論述しているが、やはり佐理の書については少ししか書いていない。

『日本書道随攷』吉沢義則著　白水社　昭和一八

「六、日本書道と三跡の地位」について論述しているが、佐理およびその書跡については記述されていない。

『歌と草仮名』尾上柴舟著　雄山閣　大正一四

「伝藤原佐理筆の草仮名」の章に佐理筆といい伝えられている古筆切について記述している。

『平安朝時代の草仮名の研究』尾上柴舟著　雄山閣　大正一五

「伝藤原佐理の筆跡」の章に佐理筆といい伝えられている古筆切について記述している。

『日本名筆全集』書状集　岩橋小弥太著　雄山閣　昭和六

佐理の消息の解説をしている。

『古筆名葉集解説』飯島稲太郎著　七条書房　昭和一四

『詩懐紙』および『離洛帖』の解説をしている。

『書道全集』および『定本書道全集』には佐理の書跡ならびに佐理筆といい伝えられている書跡の解説をしている。

著者略歴

明治四十三年生れ
昭和十一年東京帝国大学文学部国文学科卒業
元国士館大学教授、同文学部長

主要著書

日本書道史　上代能書伝　寛永の三筆
古筆大辞典　国宝大手鑑　陽明墨宝

人物叢書　新装版

藤原佐理

昭和三十六年二月五日　第一版第一刷発行
平成　元　年七月一日　新装版第一刷発行

著　者　春名《はるな》好重《よししげ》

編集者　日本歴史学会
代表者　児玉幸多

発行者　吉川圭三

発行所　株式会社　吉川弘文館
東京都文京区本郷七丁目二番八号
郵便番号一一三
電話〇三―八一三―九一五一〈代表〉
振替口座東京〇―二四四
印刷＝平文社　製本＝ナショナル製本

『人物叢書』(新装版)刊行のことば

人物叢書は、個人が埋没された歴史書が盛行した時代に、「歴史を動かすものは人間である。個人の伝記が明らかにされないで、歴史の叙述は完全であり得ない」という信念のもとに、専門学者に執筆を依頼し、日本歴史学会が編集し、吉川弘文館が刊行した一大伝記集である。

幸いに読書界の支持を得て、百冊刊行の折には菊池寛賞を授けられる栄誉に浴した。

しかし発行以来すでに四半世紀を経過し、長期品切れ本が増加し、読書界の要望にそい得ない状態にもなったので、この際既刊本の体裁を一新して再編成し、定期的に配本できるような方策をとることにした。既刊本は一八四冊であるが、まだ未刊である重要人物の伝記についても鋭意刊行を進める方針であり、その体裁も新形式をとることとした。

こうして刊行当初の精神に思いを致し、人物叢書を蘇らせようとするのが、今回の企図である。大方のご支援を得ることができれば幸せである。

昭和六十年五月

日本歴史学会
代表者 坂本太郎

〈オンデマンド版〉
藤原佐理

人物叢書　新装版

2020年（令和2）11月1日　発行

著　者　春《はる》名《な》好《よし》重《しげ》
編集者　日本歴史学会
代表者　藤田　覚
発行者　吉川道郎
発行所　株式会社　吉川弘文館
〒113-0033　東京都文京区本郷7丁目2番8号
TEL　03-3813-9151〈代表〉
URL　http://www.yoshikawa-k.co.jp/

印刷・製本　大日本印刷株式会社

春名　好重（1910～2004）

ISBN978-4-642-75163-6